经验与心得

法学论文指导与写作

《中外法学》编辑部 编

北京大学出版社
PEKING UNIVERSITY PRESS

图书在版编目(CIP)数据

经验与心得:法学论文指导与写作/《中外法学》编辑部编.—北京:北京大学出版社,2016.12
ISBN 978-7-301-27755-3

Ⅰ.①经… Ⅱ.①中… Ⅲ.①法学—论文—写作 Ⅳ.①H152.2

中国版本图书馆 CIP 数据核字(2016)第 272201 号

书　　名	经验与心得:法学论文指导与写作	
	JINGYAN YU XINDE:	
	FAXUE LUNWEN ZHIDAO YU XIEZUO	
著作责任者	《中外法学》编辑部　编	
责任编辑	柯　恒　王丽环	
标准书号	ISBN 978-7-301-27755-3	
出版发行	北京大学出版社	
地　　址	北京市海淀区成府路 205 号　100871	
网　　址	http://www.pup.cn　http://www.yandayuanzhao.com	
电子信箱	yandayuanzhao@163.com	
新浪微博	@北京大学出版社　@北大出版社燕大元照法律图书	
电　　话	邮购部 62752015　发行部 62750672　编辑部 62117788	
印　刷　者	北京中科印刷有限公司	
经　销　者	新华书店	
	787 毫米×1092 毫米　32 开　5.875 印张　112 千字	
	2016 年 12 月第 1 版　2022 年 8 月第 5 次印刷	
定　　价	28.00 元	

未经许可,不得以任何方式复制或抄袭本书之部分或全部内容。
版权所有,侵权必究
举报电话:010-62752024　电子信箱:fd@pup.pku.edu.cn
图书如有印装质量问题,请与出版部联系,电话:010-62756370

导　言

在北京大学出版社副总编蒋浩先生的提议下，收录了北京大学法学院老、中、青三代十一位教授治学与笔耕心得的《经验与心得：法学论文指导与写作》，即将由北京大学出版社正式出版。作为《中外法学》主编，我对笔谈的内容与初衷略加说明，以为导言。

本文集收录的十一篇文章由两部分组成。第一部分来源于《中外法学》2015年第1期"法学研究方法与论文写作"专题刊载的五篇笔谈，作者分别是朱苏力、陈兴良、白建军、陈瑞华、凌斌五位教授。笔谈的内容凝聚了五位中青年学者治学与著述的智慧，既触及了法学研究与论文写作的核心与要害，又各具匠心、别有特色。在"只是与写作相关"中，朱苏力教授强调"今之学者为人"，法学论文写作要言之有物，具有问题意识，而不是强词夺理；要学会与读者交流，具有受众感，而不是自言自语。陈兴良教授则以一个写作者的视角道出了学者就是作者、不写作无以称学者的成功治学心得，他从科研与写作、论文与专著、选题和题目三个维度，具体分享了他几十年来治学与写作的经验。针对青年后学普遍感到困惑因而无从下手的选题问题，陈兴良教授明确提出了开拓性的选题与推进性的选题、理论性的选题与实践性的选题两对选题范畴，以及可能的四种选题策略，倡导结合学科发展状况选择小题大做的选题策略。在此基础上，陈兴良教授着重就论文写作过程如何处理资料与观点畅谈了自己的心得，强调学术研究的精义在于"接着说"，即在对学术文献资料进行综述、加工与分析即知识消费的基础上，提出和论证自己的观点，实现知识生产。陈瑞华着重对我国近年来的法学研究方法特别是规范法学方法与社科法学方法进行了反思，指出规范法学"仅仅站在法律之内看法律"，走不出自说自话、循环论证的"逻辑怪圈"，而倡导"从法律之外看法律"的社科法学，则存在着"批判有余，创建不足"、混淆"存在的现实合理性"与"存在的价值正当性"的界限等研究范式不足。陈瑞华主张中国法学研究应当扬长避短，将规范法学和社科法学方法视为相互补充的研究方法，努力寻找两者的契合点，确立共同的学术准则。这些共同的学术准则包括"研究者应当将制度和实践作为研究的对象，从制度的世界进入理论的世界；研究者应当放弃对西方法学理论或社科理论的盲目崇拜，从中国的经验事实中提炼出自己的法学理论；研究者要做出法学理论的创新，就要与最前沿的法学理论进行对话,发现这些理论的边界和范围,提出新的富有解释力的理论"。应当说,陈瑞华教授对我国法学研究方法的反思与建构,触及了我国法学研究方法论的核心和要害。作为中国法律实证分析的权威学者,白建军教授则从大数据时代全样本、大样本的实证分析的角度,强调了样本与数据、实证分析与经验研究之于法学研究、发现客观真理的重要性,实际上是在陈瑞华教授对我国法学研究方法反思的基础上,进一步强调了我国法学研究研究方法的多元化以及不同研究方法的相互包容、开放与贯通,避免唯我独尊,甚至陷入法教义学与社科法学的简单义气之争。作为北京大学法学院《法学研究方法与论文写作》课程的主持教师,凌斌教授结合自己的学术研究与论文写作历程,突出了论文写作的问题意识,强调学术问题的发现即提问应当"既源于经验又入于理论","从边缘切入中心",而具体的论文选题的确定则应当遵循"小、清、新"原则,并将其具体策略概括为"先是'题中选新',从众多题目中最'新'的问题开始。继而'新中选清',研究新颖领域中更为熟悉清楚的问题。最后是'清中选小',选择足以驾驭的问题,做到以小见大、察微知著"。

本文集的第二部分源于《中外法学》编辑部自 1990 年第 6 期至 1991 年第 2 期"论文写作指导"专栏刊载的六篇笔谈,作者分别是北京大学六位泰斗级前辈金瑞林、魏振瀛、沈宗灵、饶鑫贤、肖蔚云、储槐植教授。六位先生分别以"硕士学位论文的指导与写作""怎样写民法学论文""漫谈怎样写学位论文""博观约取 厚积薄发""谈谈法学硕士论文的写作问题""刑法学论文写作谈"为题,分享了他们在指导本科生与研究生学位论文过程中的心得与体会。六位先生的文章虽然发表于 25 年前,但是同样触及了法学研究与法学论文写作中的核心与共性问题。其中,金瑞林、魏振瀛、沈宗灵、饶鑫贤、肖蔚云五位先生严格按照论文写作指导格式,聚焦于论文的选题、搜集资料、社会调查、提出论文纲要、论文写作、修改和定稿,而储槐植先生则着重从打牢知识功底、提高思维能力、训练文字功夫三个方面入手,就刑法学论文的写作分享了先生的真知灼见。如今,除储槐植先生仍然健在并保持旺盛的学术生命力外,其他五位先生已然先后驾鹤西行;中国法治、法学研究、法学教育的语境与格局,较之 20 多年前业已发生了根本的变化,知识结构、话语系统与研究范式也已全面转型,但是,先生们的谆谆教诲,对于青年后学开启法学研究学术之门、掌握法学论文写作要诀,仍然是极其宝贵的精神财富。

孟子曰:"梓匠轮舆,能与人规矩,不能使人巧。"他人的经验传授,当然代替不了自己的勤学苦练。法学研究素养与论文写作的点滴提高,终究要"君子欲其自得之","自得之,则居之安;居之安,则资之深;资之深,则取之左右逢其源"。《中外法学》编辑部希望,老、中、青三代北大法律人关于法学研究方法与论文写作的专题笔谈,能够成为中国法学同仁和法科学子"君子自得"的铺路石,进一步促成对中国法学研究方法论意识和法学论文写作训练的理论自觉,提升中国法学研究与法学教育的内在品质与对中国法治建设实践的外部贡献。

《中外法学》主编

北京大学法学院教授　梁根林

2016年12月15日

目录

只是与写作相关 / 朱苏力　001

一、言之有物　003

二、受众感　008

三、勤奋与天分　017

论文写作：一个写作者的讲述 / 陈兴良　019

一、科研与写作　021

二、论文与专著　028

三、选题和题目　031

法学研究方法的若干反思 / 陈瑞华　041

一、对现有法学研究方法的反思　043

二、社科法学研究方法存在的问题　046

三、对确立法学研究学术准则的思考　053

大数据对法学研究的些许影响 / 白建军　059

一、大数据与大样本　061
二、大样本下的研究　064
三、大样本下的法学研究　073

论文写作的提问和选题 / 凌斌　079

一、从"弥尔顿的节制"谈起　081
二、提问的根与本　082
三、边缘切入中心　086
四、选题的"小清新"原则　089
五、学术本末　095

硕士学位论文的指导与写作 / 金瑞林　097

一、选题　100
二、论文写作提纲的提出　102
三、论文的写作　104

怎样写民法学论文 / 魏振瀛　107

一、写民法学论文的目的与要求　109
二、论文题目的选择与确定　111
三、资料的搜集与提纲的形成　117
四、初稿的形成与修改和定稿　121

漫谈怎样写学位论文 / 沈宗灵   129

一、写好学位论文的意义   131
二、论文的指导思想   132
三、选题和计划   133
四、收集资料和社会调查   135
五、学风、逻辑性和写作技巧   136
六、珍视自己的研究成果   137

博观约取　厚积薄发 / 饶鑫贤   139

一、选题   144
二、资料、大纲与逻辑、文辞   147
三、材料取舍   149

谈谈法学硕士论文的写作问题 / 肖蔚云   153

一、论文题目的选择   155
二、搜集资料与调查研究   158
三、论文提纲的确定   160
四、具体写作与反复修改   162

刑法学论文写作谈 / 储槐植   167

一、文章越来越难做   169
二、功到自然成   170

只是与写作相关

朱苏力
北京大学法学院天元讲席教授

我谈不了什么写作,只能根据个人经验,谈一些或许有助于写作,其实更多是社会科学或法律或法学写作的问题。在我看来,有两件事对于写作很重要:第一,是你得真有点什么有意思的东西要说,要有点干货;第二,写作者一定要有读者/受众感,知道自己是在同谁说话。因此,写作在我看来更多的是在交流。写作的其他方面都与这两点相关,也受制于这两点。

一、言之有物

第一点,就是要"言之有物"。这个"物"在传统中国经常是写作者个人的真情实感,避免"为赋新词强说愁"(注意,辛弃疾说的是年轻人在特定时期感情空虚、造作或多愁善感,这成了他要表达的"物")。但现代以来,我们的写作表达有了很大变化,甚至是根本的变化。大致说来,就是孔子概括的"古之学者为己,今之学者为人"。对这句话的解释很多,我自己的胡乱解释就是,最早的写作大致是"诗言志、歌咏言",表达个人的主观感受,不一定是为了同他人交流,因此也就不大考虑其社会价值,没有什么社会功利性;但逐渐地,由于这种表达对他人有价值,因此写作就从表达自我转向了社会交流,学问或写作的功用就变了。人们也就开始从社会角度来评判个体的一些写作和表达了。

这一点在现代社会,尤其在自然和社会科学的论文写作上,更为显著。对于社会科学研究者,对于法律人,其职业的或学术的写作往往就只是为同别人交流,必须对社会当中的某些人,有时甚至可能就是一个人有用,才值得写。而学术发表,就是理论上假定写出来的这些东西对学界的一些人会有用,有时还会与更广泛的受众交流。而这些文字,通常不是要受众知道你有什么主观感受,有什么看法,而是你能有什么对别人有价值的信息、思考或发现可供他或她们分享。换言之,写的东西即便完全是个人体验的,也一定要有一些超出了写作者个体经验之外的意义,有时甚至应当具有更普遍一点的意义,诸如科学发现。在我看来,这是"今之学者为人"成为现代社会之必然的最大社会历史语境。人们有理由要求写作者有点干货,重要、实在,值得别人花点时间去看,会有助于他们应对或是解决某个实际问题,至少也有助于换一个角度理解某个问题,而不能只是一通文字游戏,可有可无。人们如今很忙,除了对朋友外,受众对个人的喜恶和感触可以说漠不关心,基本上是只关心你是否提供了对他人和社会有用的信息,尽管有时这种信息也可能就是某个人的私人信息,如某位明星的八卦新闻。

问题是如何保证言之有物,特别是对于社会科学的或法律或法学的论文写作而言。首先是一定要有件让自己真正关心的实在的事，无论是一个社会现象，还是一个事件或案件，你得是真的关心，而不是觉得应当关心，也不要匆忙作评价，一定要具体切实且尽可能完整地了解一下这件事本身，从中找出引发自己关注、思考的并试图回答或应对的问题，具体了解与这个问题相关的所有可能的主张和相关的实践，不但要从自己熟悉的并且赞同的角度，而且要懂得换位思考，从自己不太熟悉甚至不赞同的角度来了解相关主张和实践背后的理由，了解不同主张付诸实践后的实际后果或实践的后果，等等。所有这些分析、理解，都应当尽可能避免强烈的个人感情色彩，要尽可能地把自己个人的主观情感和偏好放在一边，也不是排斥感情，而是为了避免因为自己的强烈感情导致对相关事实的扭曲甚至忽略，对问题理解和判断发生偏差，觉得自己或某一方太有理了，太强大了，对方太没道理了，不堪一击。真实的法律世界中很少会有这种情况：道理一边倒，却一直就是不能凯旋。之所以出现这种现象，常常是因为只看到了自己的道理，看不到或拒绝理解对方的道理。这种鸵鸟战术不利于深入分析和有效应对，不利于文章的分析说理，也不利于明智的决策和有效的行动。

就法学或法律问题研究而言，我更赞同多站在自己的对立面来审视和质疑自己的道理、根据、证据和理由。自己跟自己作对，更容易知道自己的弱点在哪里，因此会迫使自己思考得更细，会发现一些值得分析的新问题，甚至可能导致自己改变或修改预先的判断。保持这种开放的态度，才算真正思考了，才算是讲理的。注意，这一点不仅对仅讨论学理问题的学人有用，对律师其实也可以用。律师通常从一开始就确定了立场，为自己的当事人服务，就此而言，他必须坚持自己的立场，但这并不意味着他就应朝着自己想要的结果裸奔，那一定会变成胡搅蛮缠，没理搅三分。这种做法，在社会上，可能会有人觉得惹不起而躲着你；但在法律文件写作上或是在法庭辩论中，这不会真的起作用。写作的基本前提是讲理，自己要讲理，受众也要讲理，并且要讲、要听双方的理。而如果能从对方的视角看到自己的证据不充分，比方说，在此案中根本无法做无罪辩护或无过错辩护，就应及时改变自己的主张和诉求，重新界定自己可以达到的目的，重新界定成功，这并不丢人，而是正派和体面，而且这也不损害当事人的利益，因为"死磕"并不能得到自己希望得到的结果。基于理性判断的诉求和目标调整，其实是律师必须具备的应变能力。

因此，与许多人对法律人的想象相反，法律人写作并不是法条导向，而必须是事实导向的，当然法条也是法律人面对的事实之一。只有了解了事实或有关事实的众多信息甚至相关信息，法律人才知道哪些法律可能与此案或此事或其中的某个问题有关，哪些事实与某个法条中的某个概念有关。多年前，我对"夫妻在农村诊所中看黄碟事件"的分析，许多评论人都强调这是夫妻在"家"，却忽略了农村、夏日三伏天、诊所，以及邻居向警方报警等细节，而有没有这些细节，对于判断警方行为的合法性和正当性极为关键。因此，在律师事务所中，律师针对任何问题撰写的法律备忘录（memo）都一定是面对现实、研究真问题的，甚至有意把困难即对己方的不利因素想得更多一些，乃至美国著名自由派刑辩律师、哈佛大学法学院教授德肖微茨认为，辩护律师的最佳策略是首先对自己客户做"有罪推定"。[①] 法律人一定要努力把可能影响最后结果的每个不利和有利条件都摆出来，不能只想着为自己提气鼓劲，想着自己多么占理，甚至不能只关心法律上的所谓的事实问题或法律问题，而是一切与之可能相关的问题，都要进入写作者的分析视野，并要以此为基础研究，做出一些审慎的判断和推断。这样的写作者，必须是一个研究问题的人，要对各类信息始终保持高度的敏感。好的写作者必须能从别人省略的细节中、从别人看不上的材料中看出问题，纳入自己的思考，由此导致对问题的分析、判断得以改观甚至翻盘。只有这样的memo才是对法律人，无论是自己还是其他人，真正有用的。

也因此，社会科学的写作、法律的写作，并不是基于信念的写作，而是基于经验、证据和现实可能的写作，是为行动或不行动提供指导的写作，务实、冷静、理性、不夸张、避免激动人心，只有这样的文字对自己或受众的决策和行动才有实在意义。因为理想并不追随强烈的愿望而来。

---

① 参见〔美〕德肖微茨：《最好的辩护》，唐交东译，法律出版社1994年版。

到了学术论文中,这种法律 memo 的写作则大致相当于论文的文献回顾,包括对问题、观点的梳理,在此基础上形成自己的初步判断、研究思路和文章的基本论证逻辑,等等。法律 memo 和法律学术写作因此有相通之处。不要以为学术一定是要引证什么波斯纳或哈贝马斯或亚里士多德或施密特之类的,除非必要,切勿乱引。重要的是要清楚问题是什么,自己的观点或应对措施是什么,根据是什么,尽可能用简单、明白、以不会令人误解的文句说清楚,说的合乎情理。情理包括理论逻辑和生活的情理,包括有分寸,这一点后面还会提到。

但即便此刻一切齐备,写作的主要问题也仍然不是,至少主要不是如何表达自己的观点,而是要清楚自己是写给谁看,自己的预期读者是谁,然后才考虑写作的其他问题,包括结构、风格甚或语言。因为今之学者为人,既然为人,写作者的读者感就至关重要。

二、受众感

先前许多人谈写作是不谈读者的,只谈表达自己。这在当时或许是有道理的。第一,之前的许多写作是散文,或是诗歌、书信,无论叙事还是抒情,作为人生经验或感慨,只要不是太离谱,人们大都可能分享。第二,之前的这类写作大多是写给同一社会阶层的人看的,因此,只有接受不接受，能不能接受的问题，通常没有说服的问题。孔子说：道不同，不相为谋。因此，写作者就无须考虑受众是谁。

但在现代社会，由于全民阅读，也由于各种意义上的社会分层，包括专业化、职业化，受众问题就变得越来越突出。特别是社会科学的研究，在相当程度上都是要说服人的，不像自然科学那样基本上钉是钉，铆是铆。其实有些自然科学的研究也不那么坚实，没法实验，因此也要靠分析论证，典型的如生物进化理论。在律师事务所里，法律人写的memo，可能就是写给很少几位律师看的，甚至只给某位律师看。学术论文，理论上是写给学术职业同行看的。但由于法律是在社会环境中运作的，有时写作者的交流对象就不仅仅是学术同行，有时甚至主要不是学术同行，而可能是法律职业的同行，律师、法官和执法者，常常也还可能有广大公众——也因此法律人是很容易成为公知的。注意，即便公众也不是单一的或同质的，而是观点、立场或利益不同。在某些问题上可能分歧巨大，尖锐对立甚至势不两立，如反对死刑与支持死刑的，强调政府规制与反对政府规制的。这就使法律或法学写作与许多学科（不但是自然科学学科，而且包括许多人文和社会科学学科）的写作根本不同，即便法律的学术写作也很难只考虑专业或职业读者。法律人和法学人往往面对着各种潜在读者，他们的知识水平不一样，他们阅读时的先期判断不一样，他们的立场、视角不同，他们的利益关切也很不同。写作者必须非常清楚地知道这一点，并且在写作中要做出有效的应对。写作者必须明白自己不只是在表达，不能仅仅停留在表达自己的看法、观点或判断上，而要努力让甚至一定要让受众理解写作者如何得出这样的观点和判断，即便不可能总是成功，却还一定要努力争取，让受众觉得写作者的这一观点和判断有道理，是合乎情理的，乃至一些本来模棱两可的或拿不定主意的受众，众多法律实务或学术人士、法官、立法者、执法者，乃至广大公众，就因为你的写作而支持了你的观点和判断。

这就是为什么我反对法律写作的核心关注是观点的表达，核心关注只能是也应当是有效的交流。这就要求法律写作者一定要关注读者，要知道自己是写给哪些人看的，他们可能关心什么问题，他们的前见是什么？对相关问题，他们通常的理解和自觉判断是什么？他们在哪些问题上可能与写作者的主张和期望分歧，分歧有多大，可否沟通，如何有效沟通？依据哪些写作者与预期受众分享的价值和预设？等等。只有在此前提下，写作者才可能谈论如何表达自己，也才可能判断什么样的表达和什么样的文字是好的，才有了判断写作好或不好的标准。如果写作仅仅有关表达，写作者就无须关心读者，想怎么表达就怎么表达，对天空嚎叫或唱歌，唱什么调都可以，只要你觉得尽兴了就行。

不需要做事或不需要做成事的人才能这么行动。社会科学和法律的研究写作都关心后果，也知道表达通常都会有后果，不管表达者是否有意；是否是他或她追求的后果。"孔子作《春秋》而乱臣贼子惧""笔落惊风雨,诗成泣鬼神",这类说法都是明证;而"藏之名山,传之其人""语不惊人死不休"则表明许多写作者也追求后果。即便抒情也得让人明白这是抒情,不是发疯;即便是写个假条,也不能让老板误解成辞职信,否则你就悲催了。

事实上,连日记也常常是交流。有些人,比如说我们都知道的蒋公的一些日记,似乎就是准备留给后人看的。他知道自己是重要人物,自己的言行会是历史,因此他在日记中就很注意。

"地图开疆,日记强国。"即便天生内向的人,写日记只表达自己的困惑和烦恼,但这也往往是在同另外一个自我的交流或矫情。普通老百姓不写日记,许多年轻时写日记的知识分子,中年后通常也不写日记了。

要注意一点,并非所有的交流都是为了说服人,许多文字不是,公文和报告就更不是,只是传递一些重要的信息,包括布置工作、提要求、下命令,甚至包括凝聚人心、鼓舞干劲,等等,但就是不包括说服。上下级的权力关系决定了下级必须服从上级的要求。

只是法律或法学的许多文字常常要说服,说服法官、陪审团,经媒体说服公众,说服学界,说服其他的旁听者,要说服各种有反对意见或不同意见的人群。而说服,就不能只说法律是如何规定的,那当然很重要,但中国人自古以来不仅看重国法,而且看重天理和人情。仅仅国法不能令受众不质疑那些在他们看来自己有能力理解判断，而且发现法律人说的不合情理的道理。写作者也不能仅仅告诉受众自己的观点和主张，或是号召或煽情——那是公知的事——而是要全力展示一个观点、主张或结论是如何得出来的，不仅有立法根据，而且有事实根据，常常还相当合乎情理、天理和人情。

也不是要说服所有的人。事实上这不可能。尤其不可能说服那些有直接利害关系的人，特别是案件中败诉的一方。但你的道理至少必须让无直接利害关系的受众，依据写作者与读者分享的法律规则或分享的其他前提，因写作者提供的可靠信息、缜密分析和严谨逻辑，而坚定了或接受了或改变了其预断或观点，得出与写作者相同或相近的结论；至少也要让不接受写作者观点和主张的受众知道，世界上许多人观点不同，不是因为写作者脑残、缺乏正义感或者其他，而只是因为"道不同"，或是对一些有经验根据的信息得出的判断不同，因此是值得尊重的。例如，一个人被判处 3 年有期徒刑正确，就很难说 3 年零 3 个月就绝对错了；赔偿 30 143 元是对的，去掉零头，也不必然错。

我说了，受众是多种多样的。在这个意义上，每一次法律或法学写作的对象都必须重新界定，有时甚至必须精确界定，各种受众的主要观点都要考虑到，他们的重要支持和反对意见也都常常需要应对。但在说了这话之后，我在这里还是试图做一个粗略的分类，法律人或非法律人的分类，前者包括法律实务人和法律学术人。

若是以法律人为写作对象，从理论上可以更法条主义一些，更多法言法语。但这往往只有在仅涉及常规法律问题、法律人之间对法律处置没有重大争议时方才可能。一旦遇到非常规的问题，如不久前无锡市中级人民法院二审审结的"冷冻受精卵继承案"，或是在新兴的领域，如时下很热闹的互联网金融领域，简单的法条主义分析、法律类推，或是包括目的性解释的法律解释，就很难令人信服，即便总体上偏于保守的法律人会出于循法而治的考量而接受这类解释或者决定。在这样的领域或案件中，写给法律或法学人看的文字当然必须围绕甚或牵涉一些法条、法规或法律学说，但不可能仅仅靠着这种法律解释、法律推理甚或牵强附会，写作者还不得不对法律有所超越，或明或暗地纳入一些社会后果或公共政策的考量，经此来说服其他法律或法学人。也因此，这时的法律写作就蜕变成至少是有社会科学意味和有公共政策意味的写作了。

而在这样的法律问题上，往往也会引发公众的兴趣，并且无法避免公众有理由的偷窥。法律或法学写作者这时就必须清楚地意识到，在这类问题上，自己写作的受众已经变了，就不能指望公众对法律有太多的了解，也不能期望他们和法律人一样相信法律教义或法律权威，因此，为了说服非法律人受众，这时的法学写作甚至应避免或尽可能少用法言法语，不要不加说明地引证法条或引证法律学者，要避免过多诉诸法律行内的权威,而要注重社会常识的权威。

甚至必须注意,有时,有些看似法律专业或职业的话题注定是公共话题,写作者无论如何也不可能将之完全转化为或装扮成纯智识的法学或法律话题。例如,在死刑存废问题上,或婚姻家庭问题上,就不大可能是法学界或法律界自身能定的事,不但公众关心,并且关心者每个人都自信自己有能力关心,且不论这种自信是否真有道理。因此,当涉及这类问题时,在法律或法学写作里引证贝卡里亚的死刑观点就不可能令公众信服。甚至,由于这种基于权威的写作不增长知识,无法带来智识上的愉悦和启发,都不能算严格意义上的学术写作,因为它也不能令求知的法律学人信服。

但并非法律问题都会引发非法律人的关注。普通公众能够理解并关注的基本是常规的刑、民事问题或事件,一旦遇到早期人类不曾遇到的法律现象或事件,他们通常就不关心了,很可能是早期人类的基因设定令他/她们没法关心了。在这类法律问题上,写作的受众就几乎只是法律或法学人,以及其他的法律利益相关者。

由于对各种潜在受众的关切,一个更值得也需要法律或法学人在写作中精细把握的问题是法律实践的分寸。在我看来,法律或法学写作的最大难点其实不在于主张什么或倡导什么,主张和倡导本身不会有后果,过头了也没啥关系,但法律是实践的,一定有社会后果,无论怎样都有人会利益受损。例如,抽象来看,很难说废除死刑的主张错了,问题是废除死刑的后果很可能更糟，因此，有理由保留死刑，但如何审慎适用死刑就是很大的问题。废除刑讯逼供当然很对，但当面临恐怖分子大规模袭击之风险，且唯有刑讯逼供可能避免这一风险时，又该如何？普通受众往往没有能力，因此常常也不大关心这类精细的法律问题，往往只关心基本立场。而关注法律实践后果的法律或法学人则往往不仅必须要在实践层面应对这些太讲究分寸的问题，不走极端，坚守一个合乎情理的立场，而且要在其法律或法学写作中正当化自己的不极端的立场。因此，法律写作常常必须通过某种论证来限定甚至反驳支持自己基本立场的人和他们的主张。例如，我反对废除死刑，在一些案件中也辨析了为什么，但在"药家鑫案"的学术写作中，我细致论证了基于药家鑫案的事实和其他相关信息，法院可以不判甚至不应判药家鑫死刑。

因此，法律写作与许多其他写作不同，前者无法找到一个绝对政治正确或安全的区域，不可能有唯一正确的答案。务实的法律写作者几乎永远都在刀锋上行走。在这个问题上你的同路人，在另一个事件中就成了你论辩的对手。这是法律或法学写作要求的分寸导致的。写作者不只是两面，甚至总是多面作战，他应不断地向来自各方的预期受众展示自己的根据和理由，不求他们的接受为唯一正确，而只求他们认为大致合乎情理，并在这一过程中尽可能地逐渐凝聚一个社会在法律实践上的具体共识，形成罗尔斯所说的那种重叠共识。

因此,在一定意义上,法律人的写作几乎就必须见什么人说什么话,但这不是贬义的,而是强调针对性,强调有效的交流。因为没有谁能对所有人讨论同样的问题,即便讨论同一个问题,对不同的人也不一定都能用或应当用同样的言辞表达。如果一个法律人或法学人只想着自己的观点、自己的主张,不管对方是否关心,只坚持所谓的法言法语,也不管对方是否能听懂,自以为这就是独立之人格、自由之精神,这就是专业知识,这就是把自己"高大上"了。这其实是非常糟糕的写作方式。毛主席说过,对牛弹琴,其实不一定是讽刺牛,其实也可能是讽刺弹琴的人,因为弹琴者不看对象。

而在这之后,才有如何表达的问题,包括如何遣词造句。当年毛主席起草1954年《宪法》时,就把所有的"但"改为"但是",把"与"改为"和",就因为前者是知识分子的用法,后者是普通百姓的用法;但另一方面,他又把宪法草稿中的"土改"和"土地改革"这个人们自觉简化的概念修改为"土地制度改革"。这些修改都很细小,对于有些读者也不影响理解,但这是宪法,要让普通百姓能听懂,也还要避免后人的误解,因此才会做这些修改。这种针对预期读者的遣词造句,同样反映了上面所讲的法律或法学甚至社会科学学术写作中读者感的核心地位。

三、勤奋与天分

谈写作的人很多,许多也谈得很好。但在我看来,实际效果不大,很难真正提高受众的写作能力,最多只是提高受众的鉴赏力。因此,我不认为我的介绍能对你们有多少帮助,因此,我一般不谈写作,今天谈的也是写作之外的或许与写作有关的事。因为写作并非纯粹理性,而是实践理性,意思是,不是你讲明道理,我懂了道理,我就能写好文章了。写好文章得靠实践。要经常写、多修改,也要经常看好文章,要看得仔细、多琢磨,对别人的好文章、自己的文章都如此。但这个琢磨主要还不是,也不能是。所谓的字斟句酌,所谓的"推敲"——请记住,主要因此而为今人所记住的贾岛,诗文都不出色!长此以往,才可能逐渐提高自己写作的能力。

我个人甚至有过一些非常笨但后来获益不少的做法,即纯粹为了智识上的爱好,抄自己认为好的作品,整篇文章的抄,而不是寻章摘句,记录些名人名言之类的,用来装点文章。这主要因为我在少年时期喜欢现代诗歌,当时书很少,只能借别人的,发现好的就抄,抄得津津有味,抄得多了,不知不觉中,就悟到了许多,后来发现对各种写作,包括学术论文写作,大有帮助。还有就是翻译自己真喜欢的英文文章和书,也不是为了发表,就因为智识上的愉悦,比如在翻译波斯纳、福柯等人著作的过程中,也大大训练了我的写作——其实这是另一种抄书。但这种抄,一定是要出于自己的喜欢,如果只是为了训练自己写作,目的太功利了,或许反而难得收益,因为你抄的时候可能就不上心,不处处欣赏。人生中许多很功利的事往往必须不带功利地去做收获才大,这是一个悖论。学术如此、事业如此,爱情和家庭都如此。

写作也还要有一点点天分。这一点点就是,在阅读了一些书或文章之后,你起码能判断哪篇好,讲理,令人折服。这个判断必须是自己看书之后得出来的,不是别人推荐、看广告词,也不看作者的知名度、工作单位、国籍或其他如教授之类的符号,不看书中引证了多少中外文资料,也不管其写作风格多么"跩",用了多少大词、好词、新词,引用了多少名人名言,等等,就一个字,好。如果连这点最基本的能力都没有,确实有的人就没有这个感觉,能进入他眼中的始终是中心思想和段落大意,那就很难写作。

2014 年 12 月 4 日于北京大学法学院陈明楼

论文写作：
一个写作者的讲述*

陈兴良

北京大学法学院兴发岩梅讲席教授

---

* 本文根据陈兴良教授在凌斌教授主持的《法学研究方法与论文写作》的课堂讲授（2014年3月21日）录音整理改写而成。在此感谢凌斌教授和整理录音资料的吴华琛同学。本文不是一篇严格意义上的论文，以笔谈的名义发表尚差强人意。特此说明。

论文写作，对于学者来说是生存技能，也是看家本领。我始终认为，学者就是作家，不写作无以称作家。文科的写作与理科的实验可以对称，对于学生来说也是如此。写作对于不同的学科也还是存在一定差异性的。例如，实证性学科的论文写作离不开田野调查，借此获得大量数据。在此基础上，才能进行分析归纳，得出相应的结论，而不能闭门造车。又如，作为事实学的犯罪学论文，就应当建立在实证资料的基础上，是对案例数据的科学处理。应该说，目前大多数犯罪学论文都还是从概念到概念，没有达到犯罪学的学科要求。而思辨性的论文则以语言阐述和逻辑演绎为特点，离不开对文献资料的综述梳理。这些文献资料主要通过阅读获得，因此，从事这种论文的写作以读书为前提。唯有读破万卷书，才能下笔如有神。例如，作为规范学的刑法教义学，就是以法条为客体所从事的阐述性的学术活动。

一、科研与写作

论文是科研成果的基本载体。在某种意义上说，论文是研究成果的最终表述。如果说论文写作是一种"言"，科研成果就是一种"意"，科研和写作之间的关系就是言和意之间的关系。意在言先,首先要有意,然后才有意之所言。因此,就科研和写作这两者的关系而言,首先必须要从事科研活动,提高我们的科研素质,只有在科研的基础之上才能进行写作。而科研和写作是两个既互相联系又互相区别的环节:首先要进行科研活动,科研活动有了成果以后再用语言表达出来,这种表达的过程就是一个写作的过程。

这里应当指出,文科的科研和理科的科研是有所不同的:理科的科研是一种科学活动;而文科的科研是一种学术活动。因此,论文是一种学术成果。我们把作为科研成果的论文都称为学术论文,以区别于其他论文。什么是学术?这个问题看似简单其实不太容易回答。以一种较为学术性的语言表述,学术是指系统化、专门化的知识,是对事物发展规律的学科化论证。因此,学术当然应当具有科学性。文科可以分为人文科学和社会科学,而且,在文科中所采用的科学这个词,又显然不同于自然科学。例如,在社会科学中存在着较多的价值判断,而自然科学则更多地包含客观描述。

文科与理科(广义上的理科,包括工科)不仅科研的性质与形式有所不同,而且在科研与写作的关系上也存在区别。理科的科研与写作的关系是可以清晰地加以区分的。理科的科研就是在实验室里做实验,在实验做出成果、取得数据以后,再将实验的成果以文字的方式予以表达,形成论文。对于理科来说,无科研则无写作。因此,理科对科研是更为注重的,要求也比写作更高。也就是说,理科科研的主要精力是放在做实验上。实验做完以后,把实验成果以一种论文的形式表达出来,这个写作过程是相对较为简单的,甚至只要把实验的数据和实验的过程、结论自然地记录下来就可以了。这是理科的特点。例如,陕西师范大学孙灵霞的博士论文题目是:《八角茴香对卤鸡挥发性风味的影响及其作用机制》。根据作者自述,这篇论文主要研究香料对肉类制品风味的影响,实现风味可控,产品质量达到一致性和稳定性,以便让传统肉类制品走上规模化工业生产道路。作者完成论文的过程是:为了保证实验结果的科学有效,选用广西产的八角茴香和河南一家企业固定提供的鸡大腿。做实验时将鸡腿卤煮,然后在固定的区域取样,再通过电子仪器检测产生风味的物质含量变化情况。论文通过实验,对比加入八角茴香的卤鸡和没有加入八角茴香的卤鸡之间的差别,了解八角茴香在卤煮过程中对风味的影响,风味形成的机制,如卤煮的温度、火力、加热时间对于风味控制的相关性。[1] 显然,从这篇论文的创作过程可以看出,最为重要的是实验,而论文只不过是对实验过程和数据的记载。

然而,文科的科研与写作的界限却不是那么清晰。这也是学习文科的同学会有的一个困惑。因为文科科研不像理科的实验那样具有物理性的直观内容。对于一个理科学生来

---

[1] 参见:《女博士写最美风味论文,八万字论八角对卤鸡影响》,载人民网,最后访问日期:2014年12月2日。

说,天天进实验室就表明他在做科研。但对一个文科学生来说,什么是科研?这种科研活动本身不具有直观形态,往往不容易把握。实际上,文科的科研是读书、思考,甚至是旅行。中国古代所谓"读万卷书,行万里路",都可以看作是对文科科研活动的一种描述。因此,文科科研是随意的、自在的、不拘形式的。正是由于文科的科研活动具有这种散在性的特点,文科学生有时候会难以把握,以至于虚度光阴。这样就出现了在没有充分的科研活动基础上进行论文写作的情形,当然也就不可能写出优秀的论文。因此,对于一个文科学生来说,首先要去看书,要去思考,逐渐地将所积累的知识嵌入所在学科,进入一个与本学科的前贤对话的境界。当你进入到某个学术问题前沿的时候,就像登上高山顶峰,四顾无人,不寒而栗,一种灵魂上的孤独感油然而生。在将近30年前,我在写作题为《共同犯罪论》的博士论文的时候,就曾经有过这种感觉。以后回想起那段经历,我这样描述:"我写共同犯罪博士论文的时候,国外的资料还十分罕见,我只能翻故纸堆。从图书馆的阴暗角落翻检民国时期的论著、新中国成立初期的苏俄论著,以及零星介绍过来的现代外国刑法论著。在这种情况下,我开始了对共同犯罪的理论跋涉,这是一种与故纸堆中的故人的学术对话,在写作的那段时间，我分明感到精神上的寂寞与孤独。"① 因此，肉体上的煎熬和灵魂上的孤寂，恰恰是论文水到渠成的一种身心状态。

当知识积累到一定程度，自己的想法逐渐产生，这也就是所谓"生米做成熟饭"，然后再进行写作。经过思考以后，在资料的基础上提炼独特的观点。这一提炼过程，为写作打开了最后的通道。因此，文科的阅读书籍、资料收集、文献梳理、观点综述，这些所谓科研活动，都是为最后的写作服务的，只不过是写作的预备而已。在这个意义上说，文科写作的重要性要超过理科。

在文科中，这种科研活动和写作活动又是可以互相促进的，并且是交叉进行的。也就是说，在文科中并不像理科那样把实验做完，已经取得实验成果，再进行写作。而是在科研过程中就开始写作活动，而且在写作过程中，又同时从事着科研活动。写作和科研这两者是一种互相促进的关系，难分彼此。当然，在写作之前，肯定要有一定的科研基础。然而，任何一个人都不可能把科研完全做好以后再去从事写作。而是在写作的过程中，不断地进行思考，不断地完善学术观点。

对于一个学者来说，长期从事科研活动，同时也长期从

---

① 陈兴良：《共同犯罪论》（第二版），中国人民大学出版社2006年版，出版说明，第2页。

事写作活动。科研和写作就成为学者的工作重心,甚至是一种生活方式:不断地进行科研,不断地写作,在写作基础上再进行科研,这样一个逐渐展开、循环往复的过程。有些学者不是特别愿意写作,作品较少。不写东西,可以分为两种情况:一种是写不出来;另一种是不屑于写。写不出来,是写作能力问题,甚至是科研能力问题。但也有些学者虽然看了很多书,思考了很多问题,确实也有对学术问题的独特见解,但就不付诸笔端,就像孔子所说的述而不作。也有的学者眼高手低,主张不随便写,一辈子就写一本书或者一篇论文,以此一鸣惊人,成为经典。这种想法我觉得不太可行,因为一个学者不可能一辈子从事科研活动,平时从来不写东西,没有作品,最后突然蹦出一篇论文、一本书来,借此名传千古,那是完全不可能的。

一个学者从事科研的过程,都要用论文或者专著这样的形式反映出来。不断地进行科研,不断地发表论文,然后,论文积累形成专著。论文以及不同阶段的专著,都是学者在不同阶段的学术研究成果的总结。通过学术成果可以把一个学者在科研活动中跋涉的过程,就像一步一个脚印一样,真实地呈现出来。不同时期的科研作品能够反映一个学者的学术成长:从青涩到老道。即使是思路的曲折、观点的修正,也能够以其作品清晰地在这个学者的学术履历上展示。因此,我认为那种把科研搞到最好,最后才出精品的想法是不切实际,也是不可能的。所以,作为一个学者要不断地科研，同时要不断地写作，要把两者紧密地结合起来。

　　作为一个文科学者来说，写作是极为重要的。写作能力的培养是一个累积的过程，需要进行长期的训练。当然，写作只是科研成果表达的一种方式，除了写作以外还有言说，也就是口头语言的表达。像课堂的讲课、会场的发言等，这也是一种思想的表达方式，也能够反映一个学者的学术水平。书面表达和口头表达，这两种方式对学术呈现来说都是重要的。但这两者的学术影响又是极为不同的：口头表达只能影响到亲眼目睹者与亲耳聆听者，范围甚为有限。例如，课讲得好，只有亲炙弟子才能目击耳闻，对其他人只是传闻而已。书面表达则具有超越时空的性质，凭借着书籍（包含纸质书籍与电子书籍）的永恒性，以文字为载体的学术思想也会在更为绵长的时间与更为广泛的空间传播。因此，对于学者来说，书面表达更为重要，一定要进行写作，要有论文发表。而怎么训练这种写作，怎么能够做到拿起笔来就能写呢？我认为，写作本身也是一种童子功，从小练起。最好的方法是在中学阶段就坚持写日记，养成动笔的习惯。进入大学，读书的时候一定要做笔记，按照古训所云：不动笔墨不看书，以此锻炼写作能力，习惯并且擅长于书面语言的准确表达。如果在大学本科阶段过了写作关，则开始研究生阶段的专业学习以后，入门会比别人快好多。我始终认为，学者，包括作家，从事写作，就像农民种田、工人做工一样，都是一种熟能生巧的技能。只要坚持，其实掌握起来并不难。

二、论文与专著

论文和专著是学术成果的两种基本载体,如果说还有第三种的话,那就是教科书。但现在学术界对教科书贬褒不一,教科书在我国过去采取主编制,内容几乎千篇一律,是所谓公知,即公开的知识或者公共的知识,这是不存在知识产权的知识。因此,对教科书的学术评价较低,认为教科书没有学术含量。当然,最近这些年来对教科书的评价有所改变,主要是出现一些学者个人独著的教科书,而且是学术性的教科书。教科书是对本学科知识的一种体系性的表达,它更多地反映了一个学者对整个学科知识的整体性把握。因此,对于教科书作者的学术要求是很高的。像在德国、日本等国家,一个教授只有到了50多岁才开始写教科书。而且教科书反映了一个学者的综合素质,对本学科的综合把握能力,因此是一种最为重要的学术成果。我国也应该向这个方向恢复与提升教科书的学术声誉,尤其是要摈弃教科书的主编制。在我看来,主编制的教科书是没有学术灵魂的教科书。

我在这里重点讨论的是论文和专著。应该说,论文和专著的差别并不在于篇幅大小,不是说论文篇幅小一些,而专著篇幅大一些。两者的区分主要在结构、内容和性质等方面。论文是对一个论题的阐述,是一种问题性的思考;对某一个专门性的问题进行思考，将思考成果写成一篇论文。而专著是对一个专题的论述，是一种体系性的思考。论文要确定论点，提出论据，由此展开论证。而专著则是对某一专题的体系性叙述，具有较为广泛的展开和较为深入的论述。因此，专著的深度和广度显然超过论文。

现在的问题是，论文不像论文、专著不像专著，缺乏论文和专著的品格与品质。论文像专著，而专著则像教科书。例如学位论文，包括硕士论文和博士论文，都应当是一种论文的文体，应该具有论文的特征。即使是十几万字甚至几十万字的博士论文，它也应该具备论文的性质。但现在的硕士论文像综述，而博士论文则像专著，甚至像教科书，没有达到论文的要求。这些问题都说明了我们对于论文和专著以及教科书这样一些学术载体的把握还存在一些偏差。当然，也有一些专著是论文的结集，也就是说先有论文发表，然后把论文编纂以后形成一本专著。这种专著意味着它每一部分都达到了论文的水平，而一本专著的十个章节就相当于十篇论文，这样一种专著的学术质量，当然是比一般专著更高的。

一般的专著，并不是每一部分都能够发表的。其中相当一部分内容是资料的梳理或者综述，或者是对本学科问题的一种沿革性的叙述，并没有达到论文的程度。就这部分内容而言，资料价值大于观点，是没有办法作为论文在刊物上独立发表的。一般来说，专著的这种水分可能会比较多一些，这也是对一般的专著学术评价较低的原因之所在。而论文则相对来说学术含量要高一些。各单位对论文和专著在学术评价上也是有所不同的。有些单位更注重论文，并以论文发表的数量作为学术评价的主要标准；也有些单位注重专著，以专著作为学术评价的主要标准。而北大可能是属于第一种情况，把论文放在一个更为重要的位置上。评奖也会存在这样一个问题，有些奖项注重论文，有些奖项则注重专著。

在一般的情况下，就论文和专著这两种形式而言，我认为注重论文可能更为合理一些。应该把论文作为主要的学术评价标准，而学者也应该以论文作为自己的主要学术成果载体。因为论文的篇幅不是很大，一般是1万字或者几万字，它能够在较短的时间内完成。而现在的学术刊物一般都是双月刊，还有月刊。论文这种形式可以把学者日常研究的成果及时地发表出来。有些学者虽然也在做研究，一开始就确定其最终成果是以专著的形式出版的。在专著的写作过程中，并没有注重对阶段性研究成果的论文发表。因此在三五年的专著写作期间，一篇论文也没有发表，只是最后出版了一本专著。这样一种做法并不值得提倡，而应该把阶段性成果发表出来，每年至少要有两三篇论文发表。通过每年发表的这些论文，可以把这种学术进展、学术方向及时地反映出来。三五年以后，研究成果成熟了，再以专著的形式发表出来，这样一种做法是较好的。

当然论文也是有长有短的，就一个初学者而言，一开始可能要写一些篇幅较短的论文，比如说三五千字的论文。对短篇的论文能够把握以后,再逐渐地写一万字左右的篇幅较长的论文,最后能够写两三万字论文,基本上硕士论文所要求的篇幅。因此,论文写作是一个由短到长逐渐发展的过程。专著的写作更需要学术积累,因为专著的篇幅比较大。对于一个硕士生来说,主要是论文的写作;而对于一个博士生来说,基本上要达到专著的写作程度。就我本人而言,也是从短小的论文开始写起的,例如,我发表在《法学研究》1984年第2期上的第一篇论文,题目是《论教唆犯的未遂》,只有4 000字左右,而发表在《法学研究》1996年第2期上的《罪刑法定的当代命运》一文,长达6万多字,是我迄今为止在《法学研究》发表的29篇论文中篇幅最长的一篇。

尽管论文和专著这两种学术成果的载体存在差异,但它们还是有共同之处的。这要求写作者对其中的内容把握好,能够顺畅地将学术思想通过论文或者专著的形式表达出来。

三、选题和题目

选题是论文写作的第一步,也是最为重要的一步。在论文写作之前,首先要确定选题。在从事科研的时候,当然也会有个主题,但这只是一个研究方向或者研究领域。只有研究到一定程度,开始写作的时候才会最终确定论文的题目。选题是非常重要的,它决定着科研的方向,对于科研的成败具有重大影响。一个好的选题会事半功倍,而一个差的选题会事倍功半。

　　选择什么题目进行写作？这是写作时遇到的选题问题。例如，硕士生经过一年或两年的基础课学习以后，进入到硕士论文写作阶段。论文写作首先要有个好的选题，而选题对于初学者来说往往是非常困难的一件事情。有的学生不知道选择什么样的题目，所以往往让导师指定题目，这样选题就变成了命题。论文题目最好是作者本人经过科研活动以后，对某一问题比较感兴趣，有些想法由自己确定。如果他人指定题目，写作效果不会太好。甚至有些学者也不会自主地确定自己的科研课题，而是追着各种项目的课题指南跑，甚至是追着各种学术会议的议题跑。这是一种缺乏科研自主性的表现。对于某些法学家来说，没有独立的长远科研计划，而是在立法与司法的热点推动下随波逐流，还美其名曰"理论联系实践"，这是没有学术自信的表现，还是应当强调学者的独立品格。

　　选题可以分为两种，一种是开拓性的题目，前人没有写过的。因此，这样的选题可能较为冒险，失败的几率会大一些。当然如果成功了，成就也较大，甚至会填补某一个学术领域或者问题的空白。开拓性选题的特点是资料较少，发挥的余地较大。即使只是做了一些基础性的工作，也会取得一定的成果。所以，对这种开拓性的选题来说，资料收集是十分重要的，只有收集到他人所未能收集到的资料，才可以尝试进行写作。另一种是推进性的选题，前人已经研究得较为充分，需要在此基础上进一步推进。这种题目的好处是资料较多，因为前人在研究过程中已经积累了大量资料，为写作提供了便利，具有较好的写作基础。但这种题目的困难在于创新，因为前人已经进行了大量的研究，甚至论题已经枯竭，也就是该说的话都说光了，无话可说了，所以写作会有较大的困难。对于这种题目，必须要调整思路，另辟蹊径或别出心裁，如此才有可能推陈出新。总之，在确定选题的时候，首先要进行评估，不同的选题可能有不同的特点，要根据这些特点最终确定选题。

选题还有大小之分。根据选题大小以及研究程度，可以分为四种情况：第一种是大题小做；第二种是大题大做；第三种是小题大做；第四种是小题小做。这里撇开大题大做和小题小做不说，主要对大题小做和小题大做这两种情形做一些说明。就这两种情形而言，首先应当肯定的是小题大做。选择较小的题目，然后进行较为充分的研究，这才是一个正确的方法。在某种意义上来说，题目越小越好，因为题目越小越能够反映理论研究的深入程度。当然，选题大小是和一个国家的某一学科的研究水平相关的。研究选题大小又是相对的，是和一个国家在某个问题上的学术成熟程度密切相联的。比如说，在将近30年前（1987年），我的博士论文的选题是《共同犯罪论》，共同犯罪是《刑法》中的一章。以一个二级学科的标题作为博士论文的题目，这个题目是非常之大的。共同犯罪作为一个博士论文选题，现在是难以想象的。主要是因为现在对共同犯罪研究已经非常深入了,在这种情况下,还用共同犯罪作为博士论文选题是完全不可以的。现在的关于共同犯罪的博士论文题目,已经是四级标题甚至五级标题了,例如"诱惑侦查论"或者"不作为的共犯研究",这些内容在一般教科书中甚至没有论及。也就是说,博士论文题目已经超出了教科书的知识范围。在将近30年前,我进行博士论文写作的时候,我国共同犯罪还刚刚开始研究,关于这个论题的框架性、基础性的知识结构都还没有形成,因此《共同犯罪论》作为一个博士论文选题,还是符合当时的理论研究实际情况的。现在对共同犯罪的研究越来越深入,所以选题也就越来越小。关于共同犯罪的博士论文选题的变化,充分反映出我国对共同犯罪问题的研究越来越深入。

另外,我们还应注意中外的博士论文选题也是不同的。当然,在这里我指的是文科的选题。我的博士生蔡桂生在北大答辩通过的博士论文的题目是《构成要件论》,还被评为了北京市优秀博士论文。构成要件在德国是不可能作为博士论文题目的,简直太大了。构成要件是三阶层的犯罪论体系的第一个阶层,是100年前德国著名刑法学家贝林提出来的。在德国现在已经没有人以构成要件为题写博士论文了。但在中国,由于我们对三阶层的犯罪论体系的研究才刚刚开始,所以《构成要件论》这个题目是一个适合的题目,对此的深入研究对于推进我国犯罪论体系的转型具有重要价值。

蔡桂生在德国波恩大学答辩通过的博士论文,题目是《论诈骗罪中针对未来事件的欺骗》。这里所谓针对未来事件的欺骗,是指利用未来可能出现的事件进行诈骗,这是推定诈骗的一种情形。这个问题我国还没有人研究,甚至还处于一种不知所云的状态。因此,德国所研究的前沿问题,在我国现在还未能成为一个问题:既没有文章,也没有案例。这个题目也反映出我国和德国之间在刑法理论上的巨大差距。所以,我国学生到外国去攻读学位,尤其攻读博士学位,对博士论文的选题有时候是两难的:要想写一个对中国有用的题目,则可能在所在国通不过答辩;在所在国写一个能够通过答辩的题目,则可能在中国没有现实意义。

选题不是随便确定的,它应该反映当前的一种学术状态。选题要小,小题大做,这是一个基本的考虑方向。选题虽小,对于科研的要求则是非常之高的,必须要以小见大。小题只是一个切入点,以此反映作者对某一专题甚至整个学科的理论研究水平。而且我们不要觉得小题好做,小题小做,可能好做;小题大做,则不好做。因为对小题展开论述,是要以整个学科知识为背景作支撑的。例如,一位历史学专业的博士生要写一篇博士论文,其研究领域是古罗马的社会制度。如果以《论古罗马的社会制度》作为博士论文题目,题目太大了,根本就通不过,甚至作为专著的题目都对它无从下手。后来把题目缩小到《论古罗马的军事制度》,军事制度是社会制度的一部分,这个题目应该说稍微小一点，不像社会制度那么广泛，但这个题目还是太大。后来又把这个题目再缩小到《论古罗马的军衔制度》，军衔制度是军事制度的很小一部分，通过军衔制度的研究，实际上是对古罗马的军事制度的一种具体研究，军衔制度应该说是算较小的题目了，还是嫌大。最后把题目再进一步缩小到《论古罗马军队的徽章》。这个题目小到不能再小了，就非常理想。徽章是军衔的标记，通过徽章不仅可以研究古罗马的军事制度，还可以研究古罗马的锻造工艺，研究古罗马的设计艺术，研究古罗马的等级制度，等等。而且徽章只是一个切入点，就像打开古罗马社会制度的一个窗户。透过徽章，可以对古罗马社会制度的各方面进行研究，这就是所谓以小见大。论文的题目应该较小，但也要求小到能够把握的程度，并且具有学术价值。如果太小了，这样的题目可能没有现实意义。在"文化大革命"当中，有部电影《决裂》，是"四人帮"主导下拍摄的，以歌颂劳动人民、贬低知识分子为主题。这个电影中葛存壮扮演那个农业大学教授，专门研究马尾巴的功能而被嘲笑。马尾巴的功能，这个研究题目确实有点小，而且好像也没有太多的实际意义。所以，这部电影的讽刺点还是找得挺准的。当然，即使是极小的题目，如果具有价值，也还是值得写的。例如，上述我提到的陕西师范大学孙灵霞的博士论文《八角茴香对卤鸡挥发性风味的影响及其作用机制》，这当然是一个小到不能再小的题目。但这个题目正如作者所言，对于实现传统卤制肉类食品的工业化生产具有现实意义。所以,这是一个好的选题。

选题除了上面所讲的大题与小题以外,还可以分为理论性的选题与实践性的选题。理论性的选题要求处理较为复杂的理论问题,要有较高的学术含量,对于作者的写作能力要求也就比较高。学术型的学位论文,例如,法学硕士或者法学博士的论文,当然是要求尽量写理论性的题目,解决一些理论问题。但应用型的学位论文,例如法律硕士的论文,最好还是写实践性的题目,尤其是政法法硕,学生来自政法实际部门,已经具有4年以上的司法工作经历,这些学生在选题的时候,更加应该写实践性的题目。写实践性的题目,容易收集到司法实际资料,便于写作,而且对将来的工作也会有所帮助。

论文写作存在着如何处理资料与观点的问题。资料是论文的基本素材,也是写作的基础。而观点则是论文的灵魂,是作者学术思想的表达。正确处理好资料与观点的关系,对于论文写作来说是一种非常重要的技巧。首先,资料对于论文写作来说是十分重要的,没有资料就难以完成一篇论文。我们在平时所说的科研活动,其中一项重要的内容就是收集资料;收集资料的过程本身就是在从事某项科研活动。在一篇论文中,资料所占的比重是较大的;而在一本著作中,资料所占的比重更大。一篇论文上万字,不可能每句话都是作者自己的,实际上有大量的内容是他人的,是资料性的东西。过去中国有句老话,叫做"天下文章一大抄,看你会抄不会抄"。这句话容易引起误解，好像文章都是抄来的，好像写文章就是抄文章，会不会写文章，就看会不会抄。实际上，我们只要把这句话当中的"文章"解释为"资料"，就可以消除这种误解。这句话的意思是说，在写文章的时候，要很好地处理资料，正确对待前人的研究成果。资料会处理了，文章就会写了。一篇论文有一大半是引用资料，如果一篇论文一点资料都不引用，这篇论文反而是不好的。因为论文首先要把在这个问题上的以往研究状况反映出来，学术研究是"接着说"，所以首先要告诉我们前人是怎么说的，这个故事说到什么程度了，然后才能接着说。我们可以把写论文比喻为盖房子，在盖房子中，砖瓦、木材等建筑材料都是现成的。我们不可能先去种树，等树长大以后把树砍倒，再来盖房子，也不可能先去挖土烧砖制瓦，砖瓦烧制好以后再来盖房子。现在的建筑业分工已经很细致了，甚至有些房屋的架构都是在车间里面已经浇筑好的，只要拉到工地吊装起来就可以成为房屋。写论文也是一样，不可能做无米之炊。资料就是论文的原料，关键是要对其进行加工。资料不能简单堆砌，而是要对资料进行认真梳理，然后以适当的方式加以铺陈。资料的堆砌就像用砖砌墙，只是把砖块粗粗拉拉地叠放在一起，而没有在砖块之间进行黏合，也没有对砖缝进行勾缝，墙就不会变得坚固和美观。在一篇论文中，资料如果只是简单的堆砌，资料就还是死的。只有对资料进行妥当的处理，使之成为论文的有机组成部分，资料才能变成活的。因此，对于资料的处理是写作的基本功。资料处理的好不好，直接关系到论文的质量。

对资料的处理往往采用一种综述的方法。这里所谓综述，是指对以往的研究资料进行专题性的或者系统性的整理。现在法学的各个学科都出版了资料综述的书籍，对于了解本学科的理论研究现状具有重要的参考价值。综述是科研材料处理的一种较好的方法，对我们进入到学科前沿是一个较好的途径。当然，综述是对原始资料的初步处理，还不能照搬到论文中去，论文中引用的资料还要进行加工，并且对资料还要进行分析。

观点是从资料中提炼出来的，也是论文的灵魂。对于一篇论文来说，大量的资料是别人的，但观点必须是自己的。所谓科研就是要对某个问题提出个人独到的见解。也就是要有作者自己的观点。科研的难处就表现为观点的出新，提出不同于前人的观点。对于一个初学者来说，要想对某一问题提出超越前人的观点，确实是强人所难。因此，写作的学习阶段，是一个知识消费的阶段，这个时期汲取知识是主要的任务，还不可能在观点上出新。只有知识积累到一定程度，才能从学习向研究转变，从知识消费逐渐过渡到知识生产，这才有可能提出自己的观点。

我们都有这样的体会，刚开始接触某一学科的时候，感到书上说的一切都是对的，不可能有自己的想法，也不会有自己的想法。这个阶段就像爬山一样，刚起步从山脚往山顶上爬,这个时候一抬头是满山遮目不见天;爬了一半,到了半山腰,这时山就不那么压抑了,眼界也就慢慢开阔了;爬到山顶,才会有见天的感觉。如果这是一座高山,到了山顶你就会体会到"一览众山小"的诗意。科研也像爬山一样,只有对本学科知识熟练地掌握了,有了深刻的思考,才会提出自己的观点。当然在论文写作过程中,要对观点进行提炼,把个人的独到见解在论文当中表达出来,这里仍然存在一个写作技巧问题。

一篇论文要有论点,并且要对论点进行较为充分的论证。这里的论点也就是我在前面所说的观点。但仅仅提出观点是不够的,还要对观点进行有效的论证。对于一篇论文来说,论证是十分重要的,而论证的过程就是一个梳理的过程,也是一个说理的过程。没有论证的论点是武断的,而没有论点的论证是盲目的。

法学研究方法的若干反思*

陈瑞华

北京大学法学院教授

---

* 本文是国家"2011计划"司法文明协同创新中心的研究成果。

一、对现有法学研究方法的反思

当下,有关法学方法的讨论已经成为法学研究中的一个热点。在那种以意识形态为导向的研究以及以移植西方制度为目的的研究双双走向衰落的背景下,中国法学终于迎来了本土化建构的时代。而在法学方法上,法学界出现了"法教义学"与"社科法学"两大流派。一时间,信奉不同方法的学者俨然加入了两个学术阵营,相互之间发生着对话和争论,其中还不乏一些较为尖锐的批评之声。

一些法学研究者有个思维定势,对于明明属于自己每天都在坚持的东西,经常要冠之以西方的名称和概念。对那种以法律规范为研究对象的方法,本来已经有"规范法学""法解释学"等现成的称谓,可一些学者却偏偏引入了源自德国的"法教义学"这一洋名词。笔者在本文中沿袭旧例,仍然称其为"规范法学"。对于这种研究方法,部门法学者往往情有独钟。那些从事刑法、民法、诉讼法、行政法等领域研究的学者,对于各个法律规范的立法精神、体系结构、规范要素、责任后果等进行着越来越深入的解释性研究。这种研究的共同特征主要有:将研究对象定位为法律规范本身，尤其是那些已成文化的"书本法律"；关注法律规范的建构和立法的完善，将构建良法美制作为研究的归宿；注重法律规范内部的逻辑演绎和规范分析，强调成文法体系结构的完整性；追求法律规范的有效实施，注重从立法完善的角度解决法律实践中的问题……

规范法学的局限性是显而易见的。由于坚持一些源自西方法学的理论前提，这种研究过于注重演绎推理，也就是在自认为掌握了"真理""原理""基础理论"的前提下，对中国法律问题进行或批判、或建构或解释的分析。按照这一逻辑，中国立法出现问题的主要原因是没有坚持那些源自西方的法学原理，而司法实践出问题的主要表现则是成文法遭到了架空和规避，司法实务界没有接受西方法学的那套概念、思维和价值判断。对于成文法规范的正当性，研究者习惯于从基本原则上加以解释，而这种基本原则又深深地受到西方法学的影响，如刑法中的罪刑法定、罪刑均衡、适用法律一律平等，民法中的公平、等价有偿、情势变更等，行政法中的法律保留、成比例、正当程序等，刑事诉讼法中的无罪推定、程序正义、有效辩护、禁止强迫自证其罪等。而对司法实践中存在的问题，特别是那些按照现行成文法无论如何也走不出困境的疑难案件，研究者除了提出一些老生常谈的立法完善方案以外，再也无法给出富有启发性的建议。对于这些问题发生的原因，规范法学研究者几乎成了"低能儿"，除了将问题归结为立法不完善、成文法过于抽象等原因以外,几乎无法给出令人信服的分析。

还有一个更为致命的问题是,规范法学研究者把本来属于一个整体的法学研究予以肢解,使得宪法、刑法、民法、行政法和诉讼法的研究相互隔离,出现了"老死不相对话"的局面。于是,各不同学科的研究者守着自己的"一亩三分地",对属于自己领域中的法律问题作出解释和评论,对于超出自己学科领域的法律问题,既没有解释的能力,也没有研究的兴趣。而司法实践的经验表明,中国法律制度的主要问题恰恰发生在不同法律学科的交叉地带。对于这些交叉性问题,规范法学几乎提不出富有创新的观点。例如,刑民交叉领域中的问题,涉及刑事法和民事法的关系、刑事追究与民事追究的优先顺序以及刑事管辖与民事管辖的冲突等问题。对于这类问题,无论是刑法学者还是民法学者,都往往"自说自话",别说提出富有启发性的观点,就连从别的学科角度理解问题本身都发生了困难。又如,近年来出现的"刑事和解"制度,属于立法者将那种自生自发的改革经验上升为法律规范的典型范例。这一制度最初没有成文法上的依据,是司法实务界"以解决问题为导向"所做的改革尝试。但对于这一制度,刑法学界最初批判其"违反罪刑法定原则""背离罪刑均衡原则"或者"带来同案不同判问题";刑事诉讼法学界则批评其"违反无罪推定原则"和"程序正义理念";而民法学界则对其不予置评。再如,对于横跨多个学科的司法体制改革问题,规范法学研究者除了效仿西方制度提出改革对策以外,再无创新性贡献。当前正在推进的"法官、检察官员额制""省级以下地方法院、检察院实行人财物统一管理制度""司法裁判与司法行政管理分离制度"等改革措施,几乎都是效仿西方司法制度所做的改革尝试。信奉规范方法的法学研究者,除了以西方经验和法学教科书为蓝本提出建议或者批评以外,再也发不出其他的声音。

规范法学方法所面临的种种危机和困境,主要是因为它"仅仅站在法律之内看法律",走不出自说自话、循环论证的"逻辑怪圈"。规范法学将法律规范本身作为研究对象,将完善立法、解决司法问题作为自己的使命,混淆了"法制"与"法学"的界限,根本提不出富有创见的理论,往往只能跟着西方法学的步伐,甚至创造出一个中国学者心目中的"西方法学"。而对于这样一种"想象的异邦",有时就连真正的西方学者都不敢认同。正是基于对规范法学局限性的这些认识,一些学者提出了"从法律之外看法律"的研究思路,倡导引入社会科学的研究方法,提出了"社科法学"的方法。

二、社科法学研究方法存在的问题

所谓"社科法学",实际上是一种将法学研究纳入社会科学研究轨道的学术尝试。社会科学是以人类社会和人类行为为研究对象的学科集群。按理说,每一种社会科学都有自己特有的研究方法,如社会学方法、人类学方法、经济学方法、政治学方法等。研究者运用这些方法所进行的法学研究，可形成一种新的法学研究方法，如法社会学、法人类学、法经济学、法律政治学等。这里所说的"社科法学"，既可以是上述任何一种特定的法学研究方法，也可以是将社会科学的一般经验运用到法学研究之中的方法。"社科法学"的出现，意味着法学研究者要借助其他社会科学的成熟方法对法律问题展开全新的研究，也意味着法学研究者不能满足于传统的规范法学方法，而应该将法学研究拉回到社会科学研究的主流轨道。

从根本上说，"社科法学"将法律作为一种社会现象，视为一种社会治理的方式。与规范法学仅仅关注法律规范和文本不同的是，社科法学更为关注"社会生活中的法"，也就是法律在社会中的实施效果和状况。在"社科法学"看来，"书本法律"中的规范若无法得到实施，便是毫无意义的。当年霍姆斯大法官的名言"法律的生命在于经验，而不在于逻辑"，就道出了这一研究范式的部分真谛。对于法律制度和实践，社科法学保持了一种开放和包容的态度，对于所有有利于解释法律现象和法律问题成因的科学方法，都予以接受。另一方面，由于强调运用社会科学方法研究法律问题，社科法学研究者就不可避免地要遵循科学研究的一般准则。例如，研究者只研究已经发生的"经验事实"，而一般不研究尚未发生的事实；研究者只对研究对象的状态、模式、成因、发展趋势作出解释，遵循"价值中立"的原则，而不作好坏善恶的价值评判；研究者对于所提出的命题负有证明的义务，对于未经证明的主张，只应将其视为一种假设或者假说……

"社科法学"的出现仅有十余年的时间，目前主要为一些从事法理学研究的学者所提倡，但经济法、诉讼法领域的研究者开始受到这一研究方法的影响。由于这一研究方法出现得较晚，没有受到强有力的质疑和制衡，有关的研究也不可避免地出现了一些问题。与规范法学一样，社科法学也并不是完美无缺的，照样有其特有的局限性。特别是倡导这一研究范式的研究者，由于学术训练上的先天不足，或者由于研究者个性上的偏执，在运用社会学、人类学、经济学、政治学等社会科学方法从事法学研究方面，还远远没有达到驾轻就熟的程度。

首先，社科法学存在着"批判有余，创建不足"的突出问题。由于一些研究者既不熟悉部门法，也对部门法学者的规范研究不感兴趣，因此造成研究者对研究对象的隔膜，甚至会出现一些对问题的误读。在此情况下，研究者动辄挑战一些部门法上的定论或者原理，就容易出现常识性失误甚至闹笑话。例如，一些学者曾以小偷深夜入室盗窃、被当场抓获后扭送公安机关的例子，否认"无罪推定"的合理性；一些学者还曾以任何人都有作证的义务为论据，否定存在"沉默权"；还有学者以中国一些疑难案件无法在现有法律框架内得到解决为论据，否定"法律思维"的存在。这些对源自西方的法律原则和法律理念的挑战，无非是要用常识挑战理论教条、用经验来否定某些法律理念。但是，批判过多、否定过于绝对或者打击面过宽，就容易暴露自己知识上的欠缺。

其实，社科法学要证明自己比规范法学具有更大的优势，就不应该只是简单地批判规范法学，或者试图颠覆规范法学的一些定论，从事带有后现代色彩的"解构"活动，而应当进行更多的建设性学术活动，提出更多的富有说服力的理论。比如说，对于社会各界高度关注的"冤假错案"问题，规范法学的研究固然存在着难以尽如人意之处，但社科法学是不是就提出了更好的观点呢？又比如说，对于全社会都关心的"司法体制改革"问题，社科法学显然对一些部门法的研究不屑一顾，但是，社科法学的研究是不是就更加高明呢？对于中国司法体制中的问题是不是就看得更加真切呢？再比如说，对于"刑事和解"这一现象出现的原因，规范法学固然无法给出令人信服的解释，社科法学真的就能说明白吗？研究者从这一中国特有的改革中能总结出规律来吗？中国有句俗语："是骡子是马，拉出来遛遛。"或许，任何研究方法的设定都不是目的，研究者根据这一方法能否提出创新性理论，能否提炼出制度运行的规律，这才是检验一种研究方法优劣得失的主要标准。

其次，某些社科法学研究动辄将某一社会科学的理论奉为前提，而将中国的法律问题作为理论运用的对象，难以做出理论上的创新和贡献。我曾经观察过多个从事法经济学研究的年轻学者,拜读过他们的作品。在感叹于他们知识面之广博的同时,也为他们的学术前途感到忧虑。这些能够熟练自如地运用"成本收益理论""交易成本理论"乃至"博弈论"的学者,仅仅将某一法律问题作为经济分析的例题,所作的分析和所得出的结论都没有超出西方法经济学的水平。如此研究下去,又怎么能做出理论上的创新呢?如果说规范法学经常犯"以西方法学为师""言必称英美法和大陆法"的毛病的话,这些社科法学研究者岂不也动辄"以西方法经济学为师""言必称波斯纳和科斯"吗?

笔者注意到,一些社科法学研究经常将一些社会关注度较高的案例作为研究对象,并运用了其他社会科学的既有理论。或许,这种研究足以论证规范法学是存在缺陷的,也是无法解决中国法律问题的。但是,这种零零散散的研究,又能创造出什么样的成体系的理论呢?假如社科法学要取得更大的学术影响力,就不应仅仅满足于这种就案论案的研究,而应从经验事实中提炼出概念,通过对中国法制经验的总结,以发现法制运行的规律,提出诸如"定律""公理"或者"定理"等标签化的理论来,从而为中国法学作出独特贡献。不仅如此,仅仅将一些略显极端的个案作为研究素材,也是不无争议的。研究者为什么不按照社会科学研究的一般准则,通过田野调查、访谈、个案分析、数据统计等多种研究方法,首先全面掌握经验事实,然后再提出抽象的理论呢？

再次，社科法学还存在一个令人匪夷所思的问题，那就是有意无意地混淆了"存在的现实合理性"与"存在的价值正当性"的界限，莽撞地从经验事实的世界闯入价值判断的境地。当年，黑格尔有句名言："存在的都是合理的。"对于这句话，应当理解为凡是现存的事物，都有其存在的原因和理由。但是，这并不意味着凡是存在的事物都是正当的，凡是现存的制度和实践都是符合公平、正义标准的。真正的社会科学研究应当奉行"价值中立"或"价值无涉"的基本立场，对于某一研究对象发生的原因作出深刻的解释，从而发现事物发生、发展和变迁的规律，而避免对价值判断问题妄下断言。要知道，中国当年发生"文化大革命"的运动，德国当年发生"纳粹"政权上台的事件，都有着非常复杂的政治、经济、社会、文化乃至国际政治的背景，研究者将这些背景和成因揭示出来，就有可能作出较好的学术贡献。但是，研究者假如奉行一种"宿命论"的立场，认为"文革"的发生是符合道德的，或者认为"纳粹"政权的上台是正当的，就有着为"文革"和"纳粹"辩解的意味，以至于挑战了人们最朴素的正义观。这种所谓的"社会科学研究"无论有多么深刻，都会引起人们的反感。

一些采用社科法学方法的研究者对中国法律制度中的特有问题，就采用了这样一种价值评判的立场。无论是对"复转军人进法院"制度和"审判委员会"制度，还是对"刑讯逼供"和"纪委双规"等制度问题,研究者在对其存在的复杂原因作出一番分析后,竟然对这些制度和实践作出肯定性的价值评价。当然,价值评价具有一定的主观性,对于这些制度和实践动辄采取批判的态度,固然是不足取的,但是,假如研究者反其道而行之,对一些明显不符合正义原则的制度实践给予"同情和理解",甚至赋予其道德正当性,这既违背了社会科学研究的价值中立原则,也容易使人们对社科法学的旨趣和宗旨产生误解。面对这种动辄为现实辩解的"社会科学研究",人们不禁会产生疑问:难道社科法学可以公然违背社会科学研究的基本准则吗?

上述对规范法学和社科法学所提出的一些反思和批评,并不等于对这两种研究方法采取否定的态度。在笔者看来,规范法学和社科法学已经成为我国法学界正在广泛使用的基本研究方法,它们的竞争性存在将是长期的,也是不容回避的基本现实。但是,这两种法学方法迄今并没有达到较为成熟的程度,还存在着诸多的问题和缺憾。这也是不容忽视的问题。"工欲善其事,必先利其器。"面对中国社会转型期出现的诸多法律问题,法学研究者应当改进研究方法,无论是从法律之内观察法律问题,还是从法律之外研究法律问题,都应秉承科学的态度,遵守社会科学的基本准则,从而作出特有的理论贡献。

三、对确立法学研究学术准则的思考

按照笔者的初步思考,法学研究者在运用规范法学和社科法学方法进行研究时,应将两者视为相互补充的方法,努力寻找这两种研究方法的契合点,确立一些共同的学术准则。在笔者看来,这些学术准则主要有:研究者应当将制度和实践作为研究的对象,从制度的世界进入理论的世界;研究者应当放弃对西方法学理论或社科理论的盲目崇拜,从中国的经验事实中提炼出自己的法学理论;研究者要做出法学理论的创新,就要与最前沿的法学理论进行对话,发现这些理论的边界和范围,提出新的富有解释力的理论。下面依次对这些基本准则做出简要分析。

首先,法学研究者应当区分"法制"与"法学",注重研究法律之上、法律背后的原理和规律。有研究生指导经验的学者都知道,要让一个刚刚入学的研究生学会写法学论文,最大的困难是引领他(或她)从制度的世界走出来,进入理论的世界。我国特有的"学以致用"的学术传统,以及我国知识分子将"认识世界"和"改造世界"视为天然使命的观念,对初学者产生了极大的影响。而要"学以致用"和"改造世界",就要在发现问题和分析问题的基础上,提出解决问题的方案和对策。仔细观察起来,无论是规范法学还是社科法学,其实都深深受到这一学术传统的影响。前者追求

"良法美制",寻求立法的完善和制度的革新,或者对法律规范做出符合立法精神的解释,无非是为了保证法律的良好实施,实现规则的治理;后者批评规范法学的空洞化,分析个案产生的复杂原因,甚至鼓吹"潜规则"的合法化,也有着改善治理方式的意味,有着"舍我其谁"的制度变革之理想。归结起来,两种研究思路都没有逃出制度论的轨道,而制度研究终究是缺乏生命力的。法学研究者假如仅仅关注书本法律中的制度,那么,立法一旦发生变化,制度一旦发生变革,整箱整柜的法学书籍都将不得不销毁。同样,法学研究者假如仅仅满足于对个案的讨论,倡导以"潜规则"替代书本法律,那么,随着法制状况的改善,这种研究的价值也会丧失。

无论是规范法学所研究的制度,还是社科法学所讨论的实践,都只是"法制"的表现形式,也都仅仅属于法学研究的对象而已。法学研究的根本目的应当是发现法律运行的规律,提出富有解释力的法学理论。而要达到这一效果,研究者应有独立于"法制"的"法学"意识,注重从法律之上和法律规范背后发现具有影响力的因素,将其予以概念化,并提出相应的理论命题。真正使法律成为一门科学的,是法律条文背后的制约因素。这些因素与一个社会的政治、经济、文化、传统密切联系在一起,立法者要对这些因素做出改变,就像语言学家改变一个民族的语言一样,往往是极其困难的。法学研究者唯有将这些制约因素揭示出来,才能作出自己的理论贡献。与此同时，真正属于"法学"领域的命题一般都是解释性的命题，它们要么解释了某一制度实践的类型或者模式，要么解释了某一法律问题发生的原因，要么揭示了制度实践的变迁规律。研究者通过"我发现……"的方式将其揭示出来，并作出抽象的理论概括，就完成了"认识世界"和"发现规律"的使命。这才是"法学"赋予研究者的应有使命。至于所谓的"解决问题"或者"改造世界"，那就属于推进"法制"的范畴了。而对于"法制"的完善，专业研究者经常是"心有余而力不足"，这并不是他们的长项，政治家以及专业立法决策人士或许更加擅长此道。

其次，法学研究者应当从中国的法制经验中提炼出法学理论。法学理论应当从哪里来？规范法学过于迷信西方法学的现成理论，社科法学也有着过分推崇西方社会科学理论的倾向。不知道从何时开始，法学研究者有着迷恋西方理论的传统，仿佛不引用几个西方学者的概念和理论，就显得自己没有学问似的。其实，西方的理论，无论是法学理论还是社会科学理论，对于解释自己社会的问题，或许是有说服力的，但它们未必就是放之四海而皆准的真理。中国法学研究者不应继续保持"被殖民者"的心态，甘当"学术留声机"或"知道分子"，而应树立起学术主体意识。西方的理论最多只能是我们研究问题的学术背景，或者是一种学术对话的对象。假如某一法律问题在西方理论中已经得到了完美的解释，那么，我们就应接受这一理论，在此理论的基础上展开新的研究。而假如某一些本土问题从西方理论那里根本得不到解释，或者西方理论的解释极为牵强，研究者则应当秉持"大胆假设，小心求证"的精神，提出新的更具有解释力的理论。

根据笔者的一点经验，中国法律制度中的无法得到西方理论解释的现象，恰恰是中国学者做出理论创新的契机。例如，中国近年来出现的"刑事和解"、少年司法改革、量刑程序的相对独立、证据法对证据证明力的严格限制、公检法三机关的关系、检察机关的法律监督地位等一系列制度现象，都是西方法学理论无法解释的。研究者假如放弃对西方理论的盲目推崇，就有可能在这些问题的研究上提出新的理论。又如，近年来中国司法制度中出现的一些特有问题，如"涉法上访""死磕派律师"闹法庭、舆论影响司法、对司法官员的绩效考核等问题，不仅在西方是不存在的，也是西方法学理论无法解释和解决的。再如，中国近年来对一系列法律问题采取了各种治理措施，但问题并没有得到解决，治理效果也不明显，如对刑讯逼供的治理、对证人出庭作证的保证、对冤假错案的防范、对司法官员自由裁量权的管控等，都是典型的例子。有时候，立法者引入的恰恰是西方国家治理类似问题的经验，但这种治理显然并不成功。对于这种治理经验和教训的研究，或许有助于我们发现中国的新问题，解释法律背后的新的制约因素，这或许是我们做出理论创新的机会。

再次，研究者应当与最前沿的理论进行对话，创造理论的例外或者提出新的理论。通常说来，法学研究者无论是研究法律规范，还是将法律作为社会现象来研究，都有可能提出一种概念或者理论。一个人只要具有一定的学术抽象能力，就不难对研究对象进行"概念化"，并进而提出具有概括力的理论命题。但是，面对西方既有的法学理论，我们如何才能做出理论创新呢？面对西方极其发达的社会科学理论，我们如何做出超越前人的理论贡献呢？

笔者过去在研究刑事和解问题时，就曾面临这样的困惑。刑事和解是中国自生自发的改革经验，构成一种特殊的刑事诉讼模式。但这种模式的特征是什么？中国为什么会发生这样的改革运动？对于这些问题，只有放在最前沿的理论背景下才能作出解释。西方自20世纪60年代以来，已经出现过帕克的"正当程序"与"犯罪控制"双重模式理论，也出现过格里菲斯的"家庭模式"理论，近期还有加拿大学者以被害人为中心提出的四种模式理论。很明显，中国的刑事和解是发生在被害方与加害方之间的和解协议，它以双方达成私下的民事赔偿协议为前提，促成了被害方对司法机关做出宽大刑事处理的认同，在取得检察机关或法院同意的前提下，最终使被告人受到从轻、减轻或者免除刑事责任的处置。这种刑事诉讼模式无法用西方的既有理论加以概括，而只能被视为一种相对于对抗性司法的"合作性司法"模式，而且是独立于"公力合作"模式之外的"私力合作"模式。

围绕着这一模式兴起的背景,笔者又提出了一种以被害人为中心的刑事诉讼理念,强调其实用的功利主义司法哲学基础。

当然,这种研究只是初步的,也并没有达到成熟的程度。但是,有了这样的研究体验,笔者对什么是创新性研究有了新的认识:在对西方最前沿理论理解透彻的前提下,提出对本土问题具有解释力的新概念和新理论,然后与西方理论进行对话。经过对话,发现新的概念和理论足以解释既有理论之例外情形,或者能够在既有理论之外发现新的规律的,就可以算说得过去的创新性理论贡献了。

大数据对法学研究的些许影响

白建军
北京大学法学院教授

一、大数据与大样本

到底是相对封闭些,坚守自身特有的话语模式,还是适当打开自己,接受其他学科的影响。一直以来都是法学研究时不时面临的选择。比如,经济学之于法学、社会学之于法学、政治学之于法学,等等。现如今,大数据的概念来了。不管是不是情愿,法学可能又得有所准备,思考如何回应无处不在的大数据及其影响。

什么是大数据?有一本英国学者写的《大数据时代:生活、工作与思维的大变革》,从中大概可以得知何为大数据。所谓大数据,有三个特征:全样本、混杂性、相关性。其中,最重要的就是全样本。做经验研究的都知道,当样本等于总体时,抽样误差为零。但是,由于财力、人力、分析技术等条件的限制,人们很难拿到全样本。最早,国家为了知道纳税人的实际情况,就发展出各种消减、控制抽样误差的统计技术。而现在,随着计算机技术的发展,人们惊讶地发现,即使面对海量的信息,获取某类现象的全样本也并非完全不可能。基于这种全样本,人们可能更好地了解现实社会中的各种真实。于是,根据这些真实去预测某种现象的发生概率就更可靠了。可见,大数据并不在于样本绝对量的大小,关键在于"全"。

比如,苹果公司的乔布斯身患癌症,尝试了许多种治疗方法,成为世界上第一个对自身所有DNA和肿瘤DNA进行排序的人。为此,他支付了高昂的费用。他得到的不是一个只有一系列标记的样本,而是包括整个基因密码的数据文档。对于一个普通癌症患者,医生只能期望他或她的DNA排列同试验中使用的样本足够相似。而乔布斯的医生能够基于乔布斯的特定基因组成,按所需效果用药。尽管他仍然死于癌症,但这种获得所有数据而不仅是有限样本的方法,还是将他的生命延长了好几年。从这个意义上说,某个研究的样本再大,哪怕达到上亿,如果相对总体而言只是几分之一,也只是大样本而不是严格意义上的大数据。反过来,即使对一个个体,也可能进行全样本的大数据研究。

于是,我们理解了为什么说费孝通的《江村经济》、孔飞力的《叫魂》、吉尔茨的巴厘岛人类学研究、朱晓阳的《小村故事》,尽管只聚焦某个点,但都尽最大可能收集与这个点有关的全部信息,因而也是某种意义上的大数据。例如,美国学者孔飞力是个汉学家,他研究专制权力如何凌驾于法律之上而不是受到法律的限制;官僚机制如何试图通过操纵通讯体系控制最高统治者;最高统治者如何试图摆脱这种控制。对这样的大题目,孔飞力也是从发生在清代乾隆时期的浙江"剪辫案"这个个案着手的。"叫魂"是一种民间迷信的妖术，换句话说，是一种能给他人带来不利后果的超自然的行为方式。在1768年的春天到秋天这大半年的时间里，因这种行为而引发的恐慌蔓延至大半个中国，使得整个国家陷入动荡不安的状态。孔飞力发现，可以从小故事中发现大道理。于是，他在中国第一历史档案馆收集研究了海量的文献，至少有《朱批奏折》《宫中上谕》《宫中廷寄》《附录奏折·法律·其他》《上谕档方本》，以及图书集成局1886年版的《刑案汇览》、薛允升的《读例存疑》、台北故宫博物院的《宫中档乾隆朝奏折》、1899年版的《大清会典事例》、光绪年间编辑的《大清十朝圣训》，等等，最终写出了《叫魂：1768年中国妖术大恐慌》一书。书中详细观察百姓、官僚、皇帝三个层面在叫魂案中的不同反应，发现每个群体对叫魂事件都有基于自己的利益而做的重新解释和塑造，并且这种再解释很大程度上已经远离了叫魂事件的本身。可以说，叫魂事件是中国放大版的罗生门。我们从中看到的是犯罪定义者是如何从自身利益出发，千方百计对社会事实本身进行符合自身利益的再定义，从而获得有利于自己的结果的。于是，犯罪定义过程就成了利益博弈的过程，犯罪定义就成为一个并非纯粹客观的对于社会现实的反映，不可避免地带有浓重的定义者的主观色彩。

由此我想起，一位学者曾经计划深入到某个县法院，收集该法院全部"文革"前的判决书进行观察，看看在没有法律的情况下，法院是如何处理纠纷的。这无疑是一个极有价值的想法,尽管样本范围只限于一个县,但在这个范围内,如果做到全样本研究,那也是标准的经验研究,也是法律大数据研究。只可惜,这个计划未能成行。

可见,我们对大数据来袭的恐惧或反感,可能与我们对大数据的误解有关。形式上,大数据好像意味着大量的数据运算、统计甚至大型计算机的运用。其实,大数据的核心是尊重经验真实,敬畏经验真实,在乎经验的代表性。哪怕从一个小故事切入,只要收集足够的信息,也可能得到大张力、大格局的结论,用来解释、预测较大时间跨度和空间跨度的社会现象。正是由于不懂得这一点,我们一方面会排斥大样本经验研究,同时会夸大、轻信个案甚至只是几经裁剪的教学案例的可推论性,以为理解了这种个案,也就理解了所有个案。可是,天下没有两片一样的树叶,法律现象的异质性越大,某片树叶的代表性以及某个案件的可推论性就越有限。除非你坚持认为,天下所有的麻雀都没有任何差异,那你只解剖一只麻雀当然可以认为知道了所有麻雀。而在法律世界中,如果说所有案例都一个样,你自己信吗?

二、大样本下的研究

说到样本与数据,还有一点需要特别说明:大数据与大样本的区别其实也是相对的。当样本大到一定程度,即使不完全等于总体,只要其代表性和可推论性已经基本上不是问题了,就是近似的大数据。比如,谷歌基于5 000万条最频繁出现的检索词条进行分析推算,成功地早于官方两周准确地预测到流感的传播。这个5 000万是全样本吗?未必,只能说是最大的样本,其预测的可靠性其实也来自于这个样本的巨大。所以,当我们接受大数据时,切忌走到另一个极端,放弃所有大样本研究,一味地追求全样本。

用大样本做研究,结论不一定是科学的;科学的结论也不都出自大样本研究。但我还是偏好大样本研究,也常常受益于大样本研究。因为我相信,真理藏在大量事件背后。有人常会说,不用大样本,不是一样能得出你现在得出的结论吗?只用一两个故事,不是一样能表达你想表达的思想吗?没错。我不否认,幸运的淘宝者一伸手就能抓到个金娃娃。从一两个案例中,也可以提炼出某些宏大理论、原则或者规则。我不知道我有没有这个运气,但我知道我没有这个勇气。不论怎样,多观察一些现象得出的结论,所冒的犯错误的风险总会小一点。

一次,一个学生想写篇论文,题目是"从贪污罪看……犯罪学原理"。下面是我和这位学生的对话:

> 提问:贪污罪的确可以反映出……犯罪学原理。不过,刑法规定有几百个犯罪,何以见得某某犯罪学原理可以从A罪中抽象出来,因而也一定能从B罪、C罪等其他各种犯罪中抽象出来呢?换句话说,你为什么对几百分之一的个罪足以代表所有犯罪抱有如此的自信或

把握呢?

答辩：据我所知，著名社会学家费孝通先生的博士论文《江村经济》就是以一个乡村的材料为样本对中国农村状况的研究。(好厉害！一个问题就惹出了费先生，要再问一个问题，恩格斯还不举着《英国工人阶级状况》出来帮他理论？按照他的意思，费先生可以用一个江村代表中国农村，我为什么不能用一个犯罪代表所有犯罪?)

提问：很好，你读了不少书。的确，费先生的博士论文在伦敦大学通过的当晚，他的导师就将其论文介绍给英国 Routledge 书局出版。书局的编辑拿到书稿后，还建议把书名《开弦弓，一个中国农村的经济生活》中的"开弦弓"(村)和"一个"去掉，直接称作《中国农民的生活》呢！不过，我们现在看到的该书中文版，书名仍是《江村经济》，而不是"中国农村经济"什么的。这是为什么呢？当然，费先生能不能帮得了你，要看你怎么回答这样一个问题：江村的确是中国农村的一部分，贪污罪也的确是犯罪的一部分。问题是，江村与中国其他乡村之间的关系，和贪污罪与其他犯罪之间的关系一样吗？(我暗想，这可是第一个陷阱，看他怎么办。为了证明用一个犯罪代表所有犯罪的合理性，他很可能回答说，两个关系之间没什么根本区别，都是部分与整体的关系。正因此，江村可以代表中国农村，贪污罪也可以代表所有犯罪。言外之意，费先生做得，我为什么做不得。不过，他要真这么回答就惨了，因为这将使他自己陷于一个被动境地，他没办法把"乡村"与"个罪"这两个分析单位完全不同的事物做简单类比。这显得多不严谨呀！果然，他非常审慎地绕开了这个陷阱。既没有说两者具有可比性，又没有说两者不具有可比性。）

答辩：这个，不一定。两者既有相同点，又有不同之处。不过，费先生可是社会科学大家，娴熟运用实证分析的研究方法研究许多社会问题，是我们每个学者的榜样。（你看，博士就是博士。不仅绕开了我设下的陷阱，还用费先生堵我的嘴——意思是别在费先生面前摆弄实证研究！不过，该窃喜的还指不定是谁呢。他已经走近另一个陷阱。）

提问：你说得很好。也就是说，我们没有根据，说江村与其他乡村之间的关系，等同于贪污罪与其他个罪之间的关系。是，抑或不是？

答辩：嗯，是。（因为真的太聪明，所以他已经意识到被套牢，可怜的学生一脸的沮丧。）

提问：既然没有足够的根据，从江村与其他农村之间的关系直接推论贪污罪与其他犯罪之间的关系，那你凭什么从一个贪污罪就抽象出那么大一个犯罪学理论呢？

……

我用这个例子是想说明,有的研究者对大样本、大数据的偏见,源自并不真正理解小样本及个案研究。结果,在误解大样本研究的同时,也在误用小样本研究。

其实,我们生活中也常常见到缺乏样本意识的例子。一个城市中有一家大医院和一家小医院。根据记录,大医院三天来每天接生的新生儿中,男女各约 50%;而那家小医院三天来每天接生的新生儿中,恰巧 60% 是男孩,40% 是女孩。这时,一对年轻父母尽管每天都梦想着生男孩,也不会仅仅根据这个统计数据就作出决定,到那家小医院产子。因为谁都知道,出生率的性别比是大约男女各占 50%。大医院每天接产数量大,所以样本性别比更可能接近实际比例。但是,可以设想,如果这对夫妇并不知道这个一般的统计数据,或者说,如果他们脑子里没有这个先验概率,我们还敢肯定他们不选择小医院产子吗?这样提问有点可笑,因为他们不会蠢到分不清怀孕在先还是产子在先。但很难说类似的低级错误不以高级的形式发生在我们中间。

当然,要想证明一种理论,人们随时可以找到一两个事例作为支持这种理论的证据,这种个别事例也是一种意义上的真实。但严格地说,个别事例作为证据,不仅可能随时遭遇反例,而且其误差是不可控的。因此,只有一两个事例作为证据的所谓理论,很可能只能是一种意见、猜想或者判断,无法作为规律性认识为人们所接受,更不能作为社会政策制定的决策基础。因为个别事件可能处在正态分布中的任何一个位置上,既可能碰巧代表大量同类事件的集中趋势,也可能只是极端事件。从这个意义上说,实证分析所追求的客观真实来自于符合科学抽样程序性、规模性和可重复性要求的样本。

有学者就指出:大数律保证非常大的样本确实能高度代表它从中抽出的总体,而如果一个研究人员信守小数律,就会对在小样本基础上得出的结论的有效性抱有夸大的自信。因为小数律的信徒是这样从事科学研究的:其一,在检验研究假设时,他把赌注放在小样本上,而未意识到他的失败机会非常之高。他高估了检验力。其二,他对于初期的趋势(如最早的几个被试的数据)以及观察到的模式的稳定性(如显著结果的数量和属性),有过分的自信,他便高估了结果的显著性。其三,在评价自身或别人的重复实验时,他对显著结果的可重复性,抱有非分的高预期,他便低估了置信区间的范围。其四,他很少将实际结果与预期间的偏离归结为样本的变异性,因为对于任意的偏差,他都能发现因果"解释"。总之,人们对样本的直觉,往往会产生不适当的后果。

当然,也许有人会说,这里所说的是发现真理的过程,而不是叙述真理的过程。发现真理时,当然要多观察些现象,得到更多个案的数据支持。而叙述真理时,样本就不需要太多。当你在课堂上讲授故意杀人罪的概念时,没必要历数几百个故意杀人案甚至穷尽所有个案后再告诉学生什么是故意杀人罪。没错，这其实正是我要说的。研究性论文或专著不是教科书，更不是学习心得或者综述。在教科书中，可以例举少量故事说理。但通过一项研究，你要告诉人们你发现了什么，而不是告诉人们你认为怎样。既然如此，怎么能刚看见一棵树就宣告说，我发现了一片森林？

由此还可以看出，对定量研究而言，样本规模不同，研究结果也可能不同。关键不在于定量不定量，而在于是否对经验（集体经验、群体经验）心怀敬畏。我们可以掰着手指做样本，把10个手指的特征输入SPSS，照样可以运行交互分析、T检验、方差分析、多元线性回归、降维分析等几乎所有量化分析过程，然后用图表、饼图、线图等形式热热闹闹地表现出来。我们还可以上街随便找来3个路人，问他们是否赞成废除死刑。然后我们照样可以报告说，有66.66%的民众赞成或反对废除死刑。这都是在做量化分析，但都是对经验的亵渎，是对现实生活的亵渎，是对科学的亵渎，也是对学者这个称谓的亵渎。换个角度看，我们不能说，一百个样本中的经验才是经验，一个样本中的经验就不是经验。更不能说，我的经验才是经验，你的经验就不是经验。关键在于，谁报告的经验相对更加接近生活现实的总体。

这样想问题便不难理解大样本研究的几个好处：

第一，只要抽样过程符合随机性要求，样本越大，抽样误差就越小，由此所得结论偏离现实世界的可能性就越小。从理论上说，当样本等于总体时，误差为零。

第二，样本越大，所含信息、类型就越丰富，所研究的对象就能以更多的方式展现自己。通常，人们对定量分析有一个误解，认为量化过程对现象进行压缩处理，脱水后的研究对象失去了生气，面无血色。的确，这正是小样本量化分析可能有的效果。但随着样本的增大，人们可以灵活运用各种观察手段，看到事物更多的侧面。大样本用得好，可以让研究对象表情丰富，百般风情；而用极端个案说事，展现的往往是说故事者自己。极端个案的确有血有肉，生动具体。但是，由于无法控制某个极端个案在多大程度上代表了总体，因此，也无从知道这种用极端个案说故事的方法是否掩盖、侵吞甚至扭曲了多少客观真实。

第三，样本越大，可供选择的分析工具也就越多，其结论也越可信。如果只有二三十个样本，就算用上多元线性回归，统计软件也会报告结果，但这样的结果连你自己都不信。换句话说，样本越大，可选的分析工具越多，你就越自由，难道你不想要这种自由吗？

当然，我们不能无条件地说，样本越大越好。我们把某个省的全部案件都拿来分析，有几十万，够大了吧？但我们还是不能把结论直接推论到全中国。样本是否具有代表性，还要看抽样程序是否规范。

抽样是从研究总体中抽取部分单位加以研究，并用所得结果推断总体特征的方法，是实证研究的基本功之一。之所以需要抽样，首先是因为样本与总体是个别与一般的关系。

研究总体，没有必要对总体中每个单位进行逐一调查。只要符合统计要求，可以认为样本特征近似于总体特征。其次是由于需要研究的总体巨大，受人力、财力所限，除国家实施的大规模人口普查以外，不可能逐一调查所有研究对象的个体。所以，不仅可以借助样本观察总体，也只能借助样本观察总体。最后，是由于被研究的总体本身具有程度不同的异质性，只抽取其中一个单位，不可能代表总体中其他未被抽取单位的情况。因此，用来观察总体的样本尽管不可能太多，但也不能过少。过多的样本耗费调查资源，过少的样本可能产生过大的抽样误差。

具体来说，抽样分为随机抽样（概率抽样）和非随机抽样（非概率抽样）两种。在随机抽样中，总体中的每个单位都有同等机会被抽取成为样本。其特点有四：一是按随机原则抽取而非随意抽取。二是每个单位被抽取的概率是已知的，而非未知的。三是由样本推论到总体的可靠程度可计算、可控制。四是抽样前，对总体边界已知。随机抽样分为简单随机抽样、分层抽样、系统抽样、聚类抽样，等等。与随机抽样不同，非随机抽样无法精确给出抽样误差，因而无法将研究结论直接推论到研究对象的总体的抽样方法。非随机抽样包括方便抽样、立意抽样，等等。抽样技术的关键，就在于尽可能减少误差、控制误差，抽出真正代表总体的样本。

三、大样本下的法学研究

作为社会现象的一部分,法律现象与自然现象之间有着显著区别。法是由人制定的,法是由人实施的,法是由人违反的。所以,法律现象有着太多的异质性和不确定性。但另一方面,法律现象的总体又往往巨大无比,每年法院处理的各类案件几百万件,每个达到一定责任年龄的公民都是潜在的违法者,所有公民都是潜在的被害人。法学研究该如何迎接大数据的到来,至少应当做出一些像样的大样本研究。

首先,全样本选题。在法律现象的研究中,并不是所有问题的对象总体都是13亿人或者百万计、千万计的案件。比如,截至2006年6月,《中华人民共和国刑法修正案(六)》颁布以前,《中华人民共和国刑法》规定有425个罪名;截至2003年12月23日,最高人民法院发布的刑事司法解释共有1233个;某一笔专项资金总额400亿元,涉及该项资金的全部职务犯罪案件共几百件,这些都是力所能及的全样本选题。此外,某个行业的行业性规范、某个部门的执法活动等,也都可以成为全样本研究的选题。除了这些以全国范围为总体的选题以外,还可以将有代表性的某个省、某个市、某个地区,甚至某个县、乡的全部某类案件、某些司法文书、判决结果、政策文件等确定为全样本研究的对象。此类全样本虽非全国范围的全样本,但为什么研究对象及其结论一定要能推论到全国才算是科学的呢？为什么学术活动一定要左右于一个中心才算是触摸到了真理呢？其实，这本身就是一种关于学术研究的误解，一种盲目追求宏大叙事而不屑于细微具体研究的浮躁。既然如此，法律实证研究中丰富的全样本选题，是尽可能降低抽样误差的一个较好对策。

其次，合理确定抽样框架。所谓抽样框架，就是一份与总体非常相似的用来选取具体样本的名单。例如，1936年是美国的选举年，民主党竞选人是竞选连任的总统富兰克林·罗斯福，共和党的竞选人是来自堪萨斯州的阿尔弗·兰登。为了预测谁将在选举中获胜，美国的《文摘》杂志进行了一次美国历史上规模最大的民意测验，它调查了240万美国人的选举倾向。根据调查结果，《文摘》杂志宣布，兰登将以57％对43％击败罗斯福。而实际的选举结果却是，罗斯福以62％对38％获得大胜。预测失败的问题就出在抽样框架上。《文摘》杂志总共寄出了1 000万份调查表，地址与姓名大都取自电话簿与汽车俱乐部会员名单。但在1936年，大多数美国人没有安装电话，很多人也没有汽车。这样，低收入的穷人就被完全排除在调查之外，而正是这部分穷人支持了罗斯福，造成了同样是美国历史上规模最大的抽样误差。这个例子中的抽样框架，就是《文摘》所选定的电话簿和汽车俱乐部会员名单。从抽样原理来看，这个抽样框架与美国全体选民这个总体之间的相似性程度不大，所以才会预测失败。

由此也可以看出，关键不在于样本的数量大小，也不在于抽样框架是出于何种目的确定的，而在于根据某个框架所获得的样本与总体之间是否相似。而所谓是否相似，其实又有多个可能的侧面：年龄、性别、职业、文化，还有社会地位。只要对既定研究目的而言，抽样框架与总体之间具有相似性即可，而两者不可能在所有方面都满足相似性要求。调查者所以选定电话簿和俱乐部名单，也是因为他们真的相信这个框架的选举意向能代表总体。否则，他们为什么要有意制造自己的预测失败呢？所以，当无力于全国普查时，我们可以根据研究目的的要求确定一个抽样框架，假定这个抽样框架可能代表总体，然后或者基于这个框架进行全样本研究，或者在这个框架内进行随机抽样。这样，研究结论能否推论到总体，首先可以基本上排除主观偏好或者其他人为因素对样本获取过程的影响，而剩下的问题只是人们在多大程度上相信这个框架与总体之间的相似性，或者说两者之间的差异在多大程度上可能对研究结论向总体推论构成根本性影响。

例如，我们不可能首先获得全国所有刑事案件的名单，然后据此进行随机抽样，但我们可以把来自最高人民法院各业务庭、研究机构、出版单位、网站等权威机构公开发布、发表的全部真实判决设定为抽样框架，并称其为"示范性案例"，然后抽取其中的某类案件进行全样本研究。这种案例的代表性在于：第一，由于这些案件来自全国各地，由各地各级法院选送，具有对全国总体的代表性；第二，由于是最高人民法院各权威机构认可并公开的案件，因而具有对司法实践的指导性；第三，由于其中绝大部分案件属于生效判决，因而具有一定的有效性；第四，由于各地选送案件以及最高人民法院各单位选取案件时充分考虑到了案件类型和性质的多样化，因而对学术研究而言具有一定的标志性；第五，由于是公开发布的案件，因而对公民行为而言具有相当的规范性、模范性和可预测性；最后，由于提取了这个范围内的几乎全部某类案例，将抽样误差降低为零，因而具有研究依据上的准确性。其实，如果可能将总体的所有特征一模一样地微缩到某个随手可得的抽样框架中的话，无异于对总体完成了一次严格的随机抽样，并以其结果为抽样框架进行二次抽样，其实这已经不是在选择抽样框架而是进行多段抽样了。

再次，避免盲目放大样本容量。一般而言，研究总体本身的异质性程度越大，需要分析的变量的个数越多，则所需要的样本规模就越大。但是，一个占总体5%的样本，未必要比一个只占总体1%的样本要好上5倍。有研究证明，在总体小于1000的情况下，如果样本占总体的比例低于30%，样本误差将会很大。但是，当总体的规模增加时，样本比例的作用趋向于越来越小；当总体为1万时，我们只需有10%的样本比例；当总体为15万时，1%的样本比例就已经足够；当总体为1000万或者以上时，样本比例的增加实际上已经不起作用。换言之，样本规模绝对数值的重要性大大超过样本占总体比例的重要性。

最后需要说明的是，最高人民法院已经从 2013 年起开通了裁判文书网，公开了几乎全部司法判决文书。尽管在技术上还有待改进，但这件事的意义之大，超出了许多人的想象。至少今后我们不能再说，拿不到全样本，所以无法做大数据。现在的问题是，最高人民法院已经为法律大数据研究提供了相应的条件，学界能跟上吗？

论文写作的提问和选题

凌 斌
北京大学法学院教授

一、从"弥尔顿的节制"谈起

博尔赫斯在一篇评论中提到,弥尔顿的"创作是有节制的,因为他感到无节制的创作会消耗他写诗的才能。他在36岁时写道,诗人应该是一首诗。……在一张偶得的纸上(现在是剑桥大学收藏的手稿),记录着一百多个可能写作的题目。最终,他选择了天使和人的死亡作为题目"(《福楼拜和他典范的目标》)。只写最值得写的题目,也许是一切伟大作家的本能。而对一个初学者来说,审慎选题即便不是出于对自己天赋才华的格外珍惜,也应当是对论文写作的起码态度。

都说"好的开始是成功的一半",从论文选题来看,坏的开始是失败的一多半。这些年参加开题、预答辩、答辩和各类评审,最大的感受是,学生论文写作的一切痛苦,都源自一开始就选错了题目。很多论文仅仅从题目就可以判定,是本科论文乃至硕士、博士论文根本处理不了的。大错一旦铸成,接下来就纯粹是在浪费学生和老师的时间和生命了。每年三四月份,我的同事们就在不断抱怨,指导学生论文实在是一种折磨。还有一位同事精确地给出了折寿年限:少活

15年。每当此时,我就禁不住想,这些学生和导师商量开题的时候,为什么不选择一个力所能及的题目呢?为什么要到最后提交论文时才发现根本完成不了?我们的学生,也包括老师,往往缺少弥尔顿那样的节制和自觉。

选题的不当,除了缺少清醒的学术自觉,还有另一个重要原因:不懂得如何提问。提问是选题的前提。提不出问题,也就无题可选。学生所提的问题,多是从课堂和老师那里得来的,不是受到老师讲课的启迪,就是阅读教科书的感悟,甚或干脆就是老师给出的题目。这样虽然也可以交差、毕业,却是老师的本事,并不是学生真的通过了大学的基本训练。

从2010年起,我开始在北大法学院教授法学论文写作课程。此外,我在自己开设的专业课程中也做了一些尝试,主要是取消期中考试和期末答疑,改为"开题报告"和"预答辩",借此给同学在选题方面多一些指导。经过这些年的教学观察,也结合自己的科研经历,我更加体会到提问和选题的重要性。这里所写的是一些最初步也最粗浅的心得与思考。希望对初学者有所裨益,可以帮助学生少走些弯路。

二、提问的根与本

提问就是将自己所思考的问题变成学术问题。

学生之所以提不出问题,并不是真的没有问题,相反,可能是问题太多,不知道从何说起。其实,从何说起都不要紧。关键是要"敢于"从自己生活和学习中遇到的困惑出发,提出问题。个人经验再孤陋粗浅,也是一个人思考和研究的起点。正像叶圣陶先生所说的:"从这儿出发就没有根。"(《怎样写作》)

一位美国学者给我讲过一个故事。他说,有一次科斯(Ronald Coase)在伯克利大学做讲座,有同学向他提了个问题:"怎么才能提出一个好问题?"科斯是一名杰出的经济学家,新制度经济学和法律经济学的奠基人,以会提问题而著称于世。科斯是怎么回答的呢?他就是手指向下,指了指地面。意思是说,遍地是黄金,只要你向下去看。不要总是把眼睛盯着黑板和书本,盯着别人已经告诉你的东西。要从经验出发,用自己的眼睛去发现问题。

这类问题就是我们日常学习生活中遇到的问题。因而在提笔之前,不妨先扪心自问,曾经有哪些问题萦绕心间,尤其是那些长久以来挥之不去的困惑。这类问题,有些在学习中会找到答案。但是,如果经过了一段时间的学习和研究,还是不能解决自己的困惑,那就很可能是一个值得研究的问题。我们读书、上课,不要记那些书上可以找到的内容。要记的是学习过程中产生的思考,不论是阅读中想到的问题,还是听课中悟出的问题,点点滴滴,都值得积累下来。这些问题越积越多,不怕将来提不出有意义的学术问题。

不要觉得自己是初学者,就觉得老师教的、自己读的,或者书上写的都是真理。人文科学、社会科学甚至自然科学都是一样的,没有绝对的真理。所谓真理都是阶段性的,都可以进一步探讨。如果我们对自己的困惑全都不敢提出来,那就找不到真正有意义的值得研究的问题了。就如同一个人从来不敢迈出第一步,也终究学不会走路。这些问题、困惑植根于我们每个人心中,再好的老师也没法代替,只能自己找到。也因为是自己的困惑,不是别人的问题,才会有持久研究的动力。做研究、写论文才不会只有痛苦、只为交差,才会津津有味、欲罢不能。

其实,不必非要是"长久以来"的困惑,平日里灵光一闪的问题,有时候也值得珍惜。我讲一个自己亲身经历的例子。有一次,母亲和我一起看电视,是一个关于长城的纪录片,随口就提出了一个极好的学术问题。母亲问我:"长城为什么要修得那么宽?"中国自古以来都把长城叫做"城",而西方认为是"大墙"(Great Wall)。我母亲的问题却隐含着另一种理解,长城是一条"大道"(Great Way)。因为从母亲的日常经验看,长城不是闭合的,和一般的古城很不一样。长城蜿蜒曲折而且城墙宽阔,也和一般人家的院墙大不相同。仔细琢磨,母亲的问题不无道理。长城并不仅仅用于防御外敌,还可以作为重要通道,将中国北方区域贯穿起来,达到重要的战略目的。为了便利交通,修得越宽就越方便人马过往。这样看来,长城就不只是"长城",也不只是"大墙",而且是"长道""大道"。这意味着可以重新理解长城的性质和功能。苏力老师有专门的文章。虽然在分析的精细上,我母亲肯定无法望其项背,但是就提问的精彩而言,同样是第一流的。

我母亲只是初中学历,之后只是从事幼儿教育工作,并不是什么"高知"。比起我母亲,大家都是大学生、研究生,天之骄子,又是求知欲最强、创造力鼎盛的年龄。只要我们敢于提出自己的问题,直面自己的困惑,都应该能够从自己的日常生活和平时学习中提出很好的问题。当然,从自己的困惑出发,从自己的经验出发,只是一个起点。只有困惑还不够,还要能够把握自己的困惑在理论脉络中所处的位置。如果说个人经验是提问的"根",理论积累就是提问的"本"。

钱钟书先生有篇文章,叫《诗可以怨》,其中讲了个笑话:"意大利有一句嘲笑人的惯语说'他发明了雨伞'(hainventato L'ombreuo)。据说有那么一个穷乡僻壤的土包子,一天在路上走,忽然下起小雨来了。他凑巧拿着一根棍棒和一块布,人急生智,用棍撑了布,遮住头顶,居然到家没有淋得像落汤鸡。他自我欣赏之余,也觉得对人类做出了贡献,应该公之于世。他风闻城里有一个'发明品注册专利局',就兴冲冲地拿棍连布,赶进城去,到那个局里报告和表演他的新发明。局里的职员听他说明来意,哈哈大笑,拿出一把雨伞来,让他看个仔细。"也许我们时常会感到不安,是不是自己也是这样的"土包子"——因为不了解这个世界，不了解前人的创造，不了解人类几千年文明所积累下来的知识成果，常常自鸣得意、妄自尊大，到头来不过是又一次"发明了雨伞"。

广义的研究，应当包含学习在内，包括对古往今来一切有助于我们思考和解答问题的前人经验和现有理论的学习。一个大体的研究过程是，因疑而问，因问而学，学而不得，则有研究。因此，要确定研究的主题，当然也要总结前人的观点，在学习前人成果的基础上提出自己的问题。毕竟我们都不是"生而知之"，只有通过学习、分析和批判才能够增进我们对某一问题的认识。甚至可以说，一个研究的成果如何，很大程度上取决于你之前学习的透彻程度。

总之，一个好的学术问题，应当"知己知彼"，既源于经验又入于理论。提出了这样的问题，进一步的选题也就有了基础。

三、边缘切入中心

提出了好问题，还要想想有什么非写不可的理由。正如弥尔顿的故事，从提问到选题还有一段很长的距离。我再讲一个自己亲身经历的例子。

那是2007年4月24日，我因为运动受伤，卧床在家，碰巧看到中央电视台经济频道"经济与法"栏目播出的《"小肥羊"争夺战》。那时，我本来在为即将举办的"北京大学—康奈尔大学财产法研讨会"构思一篇论文。看到这个节目，我立刻改变了主意。原来的提纲被放到一边，我也顾不得伤痛，立刻爬起来打开笔记本电脑，开始了关于"小肥羊"案的写作。要写的内容几乎看完节目就在头脑中形成了，写起来飞快。骨架一两天就写好了，剩下的时间更多的是在查阅和补充资料，请教相关领域的专家学者。文章后来以《肥羊之争》为题发表在《中国法学》杂志上。

这个案子有两点深深吸引了我：一是"肥羊"这个有关财产权利的绝好意象。正如我在文中写道："'肥羊'一词在中国尤其是北方有着一个特殊的含义：财富。正如美语中的'big bucks'，并非是实指体型巨大的雄鹿，而是意指'一大笔钱'，意指一笔响当当的'财产'。当初众多企业选择'小肥羊'作为品牌名称，而且历尽艰辛，不改初衷，都是看中了这一名称语义双关的吉利和靓丽。本文也借助这一语义双关，表明《商标法》修订引发的这场'肥羊之争'，丝毫不逊于《物权法》制定引发的激烈争议，不仅是法律实践和经济理论的一面镜子，也是中国产权制度改革和现代社会发展的一个缩影。"好的学术意象不容易碰到。碰到而错过了，会是不小的遗憾。"小肥羊"学术象征与时代象征的复合，极具阐发意味。"肥羊之争"不仅构成了争夺财产权利的绝好意象，而且是新中国成立60年来财产制度变迁和经济法律体制改革的绝好象征。一组案子，能够记录60年的制度历史，不是在所有案件中都能碰到的。

当代中国,正处在社会转型的历史时期,每年都有很多热点案件爆发出来,引起学界特别是社会的广泛讨论。有些案件只有短暂的即时效应,有些却可以成为持续的时代和学术象征。如今案例评析越来越成为法学写作的重要题材。很多期刊都特别欢迎热案时评。但是从选题的角度看,骤热的,冷得也快。除了"热点"本身,还应该有足够的学术理由。

这就引出了第二点,也是更为重要的一点,本案提供了一个从边缘切入中心的极好途径。这个案子背后真正的问题是,前30年的国有化和后30年的私有化。国有化和私有化都是敏感问题,也是热点问题。谈的人很多,但问题重大,纠缠不清,很难处理。选择一个看似毫不相干的地带,从技术角度切入,就轻易避免了意识形态的纷争,也扩展了这个问题的实践外延。如果仅是一个纯技术的知识产权法修改,实际上也在悄然进行着私有化进程;仅是一个普普通通的商标权界定,也充满了剥夺、不平等和无效率,那也就易于让读者理解,那些更为重大的问题,比如国企改革、农村土地等问题,何尝不是如此。

许多重大的、热点的、敏感的问题都值得研究,但是并非只有一种写作方式。从选题来看,可以借助好的学术意向,迂回地从相对边缘的问题切入,将其中的权利义务关系、经济政治博弈、历史现实交锋呈现出来,同样可以给那些宏大议题以理论启迪。在这个意义上,这个案子也进一步启发了我，学术上和战争上一样，边缘即中心。

四、选题的"小清新"原则

以上只是一个例子。这里再提供三个原则，供初学者参考。三个原则合在一起，叫做"小清新"。

首先是"小"。选题要足够小。程子有云："子教人有序，先传以小者、近者，而后教以大者、远者。非先传以近小，而后不教以远大也。"学是这样，写作也是这样。以小见大，循序渐进，可谓学术通义。

现在学生论文写作的通病，就是选题太大。这反映的其实是学识不足。初学法律的人，都爱谈公平、正义、人权、宪政等抽象而宏大的话题，因为就只听说过这些大词儿。无知者无畏，多大的问题都敢写，写起来才知道驾驭不了，悔不当初。学习一段时间后，脑子里有了更细的概念，就能谈论些具体问题。知道的越多，不懂的越多，选题也就更为谨慎。

多小算小？打个比喻，合适的题目就像一个核桃，一只手可以牢牢握住。过大过小，当然都不好。太小了，芝麻一样，抓不住；太大了，西瓜一样，抱不动。不过学生选题，主要是防止题目过大。选题的大小，一方面，要看研究者现在的驾驭能力，驾驭不了就是选题大了。只要觉得问题暂时还驾驭不了，就要马上缩小，增加限定。事实上，当一个问题限缩得足够小以后,你怎么谈,怎么引申都会很轻松。如果一开始就是大题目,没有能力驾驭,怎么写都难受。另一方面,也要看学界现有的研究状况。早些年,易于写大题目,因为学界还没有太多研究,相应的研究资料也少。现在再写那样的大题目就不好把握了。

其实选题是不怕小的,总能够"小题大做"。所谓"小",是指切入点要小,尽量地将问题缩小到你可以把握的范围。所谓"大",是指视野要大,从小问题讲出大道理。比如我写"小肥羊"的文章,研究的是一个热点案例,探讨的是《商标法》第9条、第11条、第31条的法律解释问题,但是通过这些技术化的问题,仍然得出了关于财产权问题的法学和经济学的一般结论。再比如送达制度,它在法律研究中的地位特别小,也特别偏,然而如果把握得好,可以对整个司法程序、程序正义以及法理学问题都有所贡献。这都是"以小见大"。你眼界有多宽,你的问题就有多大。同样是一颗芝麻,在你手里是芝麻,在他人手里就是西瓜。所谓"贤者识其大者,不贤者识其小者"(钱穆:《学龠》)。从再小的问题出发,都可以看到自己从事研究的这个学科领域的发展趋势,洞察到社会的发展方向,把握住国家、时代乃至整个人类的核心问题。

其次是"清"。对于所写的题目,自己要确实想清楚了,或者至少知道,自己确实能够研究清楚。这就是叶圣陶先生所讲的,"这个题目值得写是一回事,那个题目我能不能写又是一回事"(《谈谈写作》)。

是的,想写和能写是两码事,研究和写作是两码事。要写作一个问题,总要对这个问题有相对清楚的了解。说白了,就是不要写自己完全不懂,或者很难弄懂的东西。最好是写之前一直感兴趣或者深有体会的问题。如果你对这个问题长期抱有兴趣,一直有所追踪,有所积累和思考,来龙去脉都有了解,做起研究来就可以驾轻就熟,得心应手。反过来说,如果刚接触,一时兴起,就要小心,想想自己到底对这个问题了解多少。很多同学在选择研究题目时,根本没有基本的了解,甚至完全不清楚,一上手才知道问题做不下去,到时候悔之晚矣,进也不是,退也不是。我在参加学生论文的开题、答辩过程中经常感到,很多学生实际上在开题时甚至答辩时还根本不清楚自己研究的问题,满篇都是大词空话,不知所云。很多同学一上来就讲什么什么问题自己很感兴趣、很有意义,然而从来没有机会触及问题的实质,只是看了几本书,听别人说得热闹。真要自己上手就会知道,研究深入不下去。因为自己能知道的还是那么几本书。这样的研究做出来也没有任何意义,因为根本没有增进我们对这个问题的理解。

要"想清楚再写",就要在选题阶段多投入一点时间。选题阶段花的时间越多,思考的越充分,后面就越少走弯路,越快做出成果。如果对一个题目还没有概念,就先不要下笔。每篇论文都会将研究者在这个主题上的所有积累、思考和知识"榨光"。在选题的过程中，首先要能够静下心来，多查资料，多看些书。选题之前，要先做做文献检索，尽量搜集和查阅已有的研究。学好文献检索，特别是电子资源检索，应该是选题之前的必备功课。一个学生只有对自己研究和以往成果的关系有了初步把握之后，才应该去找指导老师，征求他们的选题意见。不要在自己什么都没有了解的时候，就指望老师给一个题目。实际上，由于老师也不会在所有问题上都有过深入研究，没有学生自己在选提前的资源检索和研究准备，也很难给出有针对性的意见。这就是很多学生论文在开题乃至答辩时才发现选错了题目的重要原因。

甚至，只看书也还不够。法律是一门实践学科。研究某类问题，不能只是靠读论文、读书本。那都是前人已经积累的成就，可以作为学习的对象，但是不能作为写作的全部。有的同学对"云计算""大数据"感兴趣，想研究新技术提出的法律问题，但是对相应的内容只是看了一本畅销书，其他完全没有概念，那就没法做。还有的学生，写家具市场的法律管制。我们也许都买过家具，但是买过的也不知道这个市场到底是怎么一回事儿，除非你熟悉家具厂商、有人脉资源或者自己干过这个行业，有所体会，否则只靠谈原理、梳理有关的法律条文，是不可能做出有价值的研究的。所以，如果你在这方面很不熟悉，就不要贸然去做。应当尽可能选自己相对较熟的、有资源可供研究的题目。

何况，如果借助的都是前人的成果，没有自己的心得体会，也就不可能超越前人，作出自己的贡献。即便引入了一些新的视角，经济学的、社会学的、心理学的、生物学的，如果不了解研究对象，也只能是谈些皮毛。别做从书本到书本的学问，这是初学者极易有的毛病，因此要格外警惕。要写作一个题目，与其死读书，不如先下些工夫，对自己的研究对象做一些初步的调查研究。有了实践经验，再边思考边读书，对问题有了比较清楚的认识，题目也就可以定下来了。

总之，研究一个法律问题，要知道"哪块云彩有雨"。引经据典，却说不到点子上，是法学论文的又一个通病。正像叶圣陶先生所说："不想就写，那是没有的事。没想清楚就写，却是常有的事。"（《谈谈写作》）

最后是"新"。选题多少要有一点新意。对于一个新手来说，千万别碰前人已经研究过好几十年的题目。记得以前读书，一位老先生讲，《汉书》是块"熟地"，不易有所发明，让我很受启发。不耕熟地，应该是一个初学者论文选题的基本原则。

不耕"熟地"，也就是要找寻"处女地"。学习要学习旧的，研究要研究新的。现代社会"日新月异"，还是有许多新的问题可供研究的，也还是有些问题现在研究不够。有的问题已经发生变化，在其中我们可以选择多多少少还能驾驭的问题来研究。比如非法集资罪，在"吴英案"后，这方面的研究多如牛毛，要想有研究的新意，可以从当下热议的

"众筹"入手。再比如,针对某个诉由,借助"北大法宝"这类数据库,能够将多年来的案例都检索出来,如果给予细致的分析,能够发现很多有意思的问题。

"新",既可以是新材料、新问题,也可以是新方法、新视角。其中,提出新问题最难,运用新方法和新视角次之,而新材料是我们绝大多数同学都能够也应该做到的。最好是有新问题。比如一个学生发现,将民事行为能力制度与学前教育的普及相联系的研究并不多见,以此为主题检索,中国知网也没有相关的论述。说来这位同学的问题意识也很简单,就是随着学龄前儿童的认知能力的提高和教育的普及,我国《民法通则》中关于未满 10 周岁的未成年人属于"无民事行为能力人"的规定,已经不大符合实际。她希望通过研究表明调整划分民事行为能力等级的必要性。有了这个好问题,接下来在论证事实上就只是个技术问题了,可以检索法规、综述文献、查找国外立法例,通过运用社会统计数据库调取学龄前儿童数量及学前教育的相关数据、引入认知心理学的研究成果,等等。

退而求其次,是提出新观点,也就是给老问题以新的回答。或者是引入新方法,给老问题乃至旧结论以新的论证。有"新材料"也很不错。比如,以往对美国联邦上诉法院既定性原则的研究,都是基于二手文献,我的一个学生直接从一手文献出发,通过纽约州政府统计数据库以及美国联邦统计局数据库,做出了很好的研究。为了获取第二联邦巡回上诉法院和纽约州法院的受案审判情况统计数据，这位同学还检索了美国司法部以及纽约州各级法院的统计数据库。这些新材料无疑为她的论文增色不少。

总之，现在论文写作常见的问题就是"过大、过生、过旧"，根源都在于没有做好前期的选题工作，涵盖的范围太大，不了解已有的研究成果，缺乏新颖的材料和视角。依照"小清新"这三个选题原则，可以先是"题中选新"，从众多题目中选择最"新"的问题开始；继而"新中选清"，选择研究新颖领域中更为熟悉清楚的问题；最后是"清中选小"，选择足以驾驭的问题，做到以小见大、察微知著。

五、学术本末

最后我想说的是，提问和选题并非只是一些写作技巧，归根结底是学术的本末问题。

提什么问题，选什么题目，最终体现的是一个研究者对学术、对实践的理解和关切。这就是明代学者唐顺之所谓的学者"本色"："秦汉以前，儒家者有儒家本色，至如老庄家有老庄本色，纵横家有纵横本色，名家、墨家、阴阳家皆有本色。虽其为术也驳，而莫不皆有一段千古不可磨灭之见。"（《答茅鹿门知县书》）这种"学者本色"、真知灼见，并非自作多情、无病呻吟。用李贽在《杂说》中的话说，应当是触景生情，不吐不快才好："其胸中有如许无状可怪之事，其喉间有如许欲吐而不敢吐之物,其口头又时时有许多欲语而莫可所以告语之处,蓄极积久,势不能遏。"(《李贽文集》)技法只是次要的,真知才是根本。学者的第一要务,不是寻章摘句,而是学识见地。

学者本色,真知灼见,不是一时可得,要靠平日积累。好的作品,不是一时强求能作出来的。俗话说"功夫在诗外",亦如黄宗羲所讲:"读经史百家,则虽不见一诗,而诗在其中。……若无王、孟、李、杜之学,徒借枕藉咀嚼之力,以求其似,盖未有不伪者也。"(《南雷诗历·题辞》)像笑话里说的,肚子里没孩子,怎么能生得出来呢。这个道理大家平日里都懂,但是一到自己做研究、写文章,很容易就忘记了。做好一个研究,旁人都帮不上忙,除了自己有真学问,没有别的办法。

论文写作离不开技法,但归根结底是怎么做学问的问题。我们从前述那些选题的正面例子中,能够看到研究者的独立思考和辛勤努力。这正是我们希望同学们能够拥有的学术态度。《大学》有云:"物有本末,事有终始。知所先后,则近道矣。"此之谓也。

硕士学位论文的
指导与写作

金瑞林

北京大学法律学系教授

研究生教育，在国家教育体系里，担负着知识和能力提高的任务，即为国家培养和输送高级专门人才。从一定意义上说，研究生的培养水平，可以反映一个国家的教育水平，也能反映国家智力资源的开发水平和整个国家科学技术、社会经济发展的潜在实力。

在我国的研究生两级学位制度中，硕士学位研究生占的比重远远大于博士研究生。他们毕业后，大部分走向工作、科研岗位，继续攻读博士研究生的是很少数。因此，在高级专门人才的培养中，硕士学位研究生是主要的形式，而且是一个非过渡性的、独立的层次。

关于硕士研究生的培养目标和应达到的学术水平，《中华人民共和国学位条例》规定了两个方面：一是在本门学科上掌握坚实的基础理论和系统的专门知识；二是具有从事科学研究工作或独立担负专门技术工作的能力。对于在知识和能力这两个方面的要求，应该在加强基础理论和专业知识的同时，把能力的培养放在突出地位。研究生教育是大学教育的深化，但不是简单的继续和延伸。研究生教育的主要任务和特点是通过综合训练，加强能力的培养。因此，应该把能力的培养作为研究生教学活动的主线，贯穿于研究生培养工作的各个环节。

研究生硕士学位论文的写作，是研究生最主要的科研实践活动，是培养研究生独立科研能力和实际工作能力的有效手段。通过论文的写作，使学生继续深入学习、掌握、运用本学科的基础理论和专业知识。通过系统的科研训练，使其具有独立的科研能力、创造精神和发现问题、提出问题、解决问题的能力。同时也使学生养成实事求是的科学作风和严谨的治学态度。因而学位论文的指导与写作，是研究生培养工作中应当重视和加强的关键环节。

一、选题

选题是论文写作的起点。选题是否适当，从一定意义上说，决定着论文质量的高低、科研成果的大小，甚至论文的成功与失败。选题得当，可以激发学生的科研热情，充分发挥学生的专长，取得理想的成果；选题不当，可能导致重复前人劳动、指导思想和结论的错误，甚至使论文失败。因此，应该十分重视论文写作关键性的第一步——选题工作。

实际上，选题的能力也是科学研究能力的表现。它综合反映了作者的基础理论、专业知识水平，对该研究领域的了解程度，以及科学分析判断和构思的能力。因此，硕士学位论文的选题，应该区别于大学本科的毕业论文。导师在选题中的指导作用应该防止"抱着走"和放任自流两种偏向。

首先，导师对学生的选题不宜限制过死，更不应把题目、思路、研究方法都手把手地教给学生,这样对培养学生的独立科研能力是不利的。

其次,导师对学生的论文选题也不应放任不管。老师应针对学生的素质和专长,指出较适合的科研范围和方向,帮助其确定论文题目。对于不同的学生区别对待。对于一些基础理论扎实、专业知识较广并有一定科研能力的优秀学生,可以帮助其选定较难的题目,甚至鼓励他们探索一些新领域,取得突破性成果。

选题还应注意以下几点:

第一,选题应具有理论意义或实践意义。就法学来说,大部分理论性题目来自学科,部分也来自政法实践;应用性题目则较多的是立法、司法实践中提出的问题。在选题时应该克服重视理论性题目,忽视或回避应用性题目,尤其是回避政法实践中提出的较为复杂和敏感问题的偏向。

第二,作为硕士学位论文的选题,应具有一定的研究价值。不是简单重复前人的劳动或者对已有科研成果进行简单的综合或解释。在选题范围内,应能使学生有进一步探索、发挥和提出新见解的余地,就是说,要给学生留有一定的创作空间。

第三,题目的工作量和难度要合理适当,适合硕士学位论文的要求和学生的水平。工作量适当,是指工作量不要过大,也不要过小,要能在1年内大体完成;在难易适度上,一方面要考虑选题本身的难度,另一方面要考虑学生的素质、专业知识的深度、广度、特长,等等,使其经过努力,能够在1年左右时间内完成。

第四,选题一般应在论文写作前半年进行,使学生有充分的时间进行准备,包括初步查阅有关文献、搜集必要的资料、酝酿社会调研和科研方案等,也可以促使学生把自己的学习和平时的研究活动与学位论文的写作结合起来,减少论文写作的盲目性和学习与科研脱节的现象。

二、论文写作提纲的提出

论文题目选定后,首先应对该选题的历史、现状、发展趋势有清楚的了解。要了解在该选题范围内,现有科学成果达到什么水平,这一领域的最新成就是什么,哪些问题已经解决并为学术界所承认,还有哪些问题没有解决或者有争论,哪些问题还无人涉足或需要进行系统研究。这样才能确定自己科研的主攻方向和重点。要做到这一点,就必须肯花时间查阅有关文献、搜集有关资料,进行必要的社会调研,尤其要重视充分占有第一手材料,并在此基础上,提出论文写作提纲。

资料搜集和必要的社会调研对法学论文的写作来说,是基础性的工作。它在很大程度上决定着论文的质量高低和成败,因此,要十分重视文献资料的搜集工作。

文献资料的搜集和运用要防止两种偏向:一是忽视现有

文献资料的重要性。不充分占有资料就急于动手论文的写作，甚至把现有文献资料抛在一边，自己瞎摸瞎碰。二是过分依赖现有文献资料。不做坚苦努力，不进行创造性的研究活动，只对现有成果进行综合和归纳，把学位论文写成综合性文献。至于一把剪刀、一瓶糨糊拼凑文章的做法则更不足取，是应该防止的。

如何查阅文献、搜集并占有资料、进行社会调研，也是全面科研训练的一个不容忽视的重要方面。不应过高估计研究生在大学本科阶段在这方面受到的训练，必要时，导师应给予具体的指导和帮助。

在提出论文写作大纲之前，应要求学生初步阅读和分析已有的文献资料，并进行必要的社会调研。对于某些重要的文献和具有代表性的反映科学水平的研究成果，则要求学生进行精读和研究，作出分析和评价。在此基础上提出论文写作提纲。通过提纲的写作使学生了解该题目的科学研究的发展动态，明确自己论文的目的和要求、论文的理论意义和实践意义、论文的指导思想和应达到的成果。

写作论文提纲已是科研的展开和深入。论文写作提纲是对研究课题的总体构思。论文的指导思想、基本框架、整体结构、总的论点和各部分的布局及观点都应通过论文写作提纲反映出来。至于论文写作过程中，随着对材料的进一步分析和研究的深入，可能会产生对原写作提纲进行修正和补充的情况，应该视为正常现象。

三、论文的写作

论文写作阶段是研究生最重要的科研实践,是综合训练研究生独立思考、独立钻研、独立进行科研活动的最有效的方式。因此,在论文写作阶段,有两点要求特别重要:一是充分发挥研究生论文写作的主动性、积极性和创造性,最大限度地让学生独立进行研究。要使学生强烈意识到论文撰写过程,是自己进行创造性劳动的过程和理论知识提高的过程。二是把对能力的培养提到论文写作要求的第一位,并贯穿论文写作的全过程。

法学硕士研究生独立研究工作的能力,一般说应包括以下几点:一是查阅文献、搜集资料,获得国内外学科信息的能力。二是社会调研的能力。三是综合分析和研究的能力,亦即熟悉科研工作的全过程,具有独立进行科学研究的能力。四是具有理论联系实际、实事求是的科学作风和勤奋严谨的治学态度。五是具有较高的论文写作能力。

论文写作过程中,学生会经常向导师提出各种问题,这时导师的作用,不宜拘泥于对具体问题的解答,而应善于启发、引导学生的思想,从科研方法上、理论思维方法上给学生以指导。在解答问题时,也要启发学生注意研究该问题是怎样提出的,其基本的理论构思和解决问题的方法是什么。关于科学研究的方法,必须由学生自己在科研实践中去体验与提高。

研究工作必须以现有的文献和资料为基础。运用资料要充分、可靠,特别要重视调研获得的材料和其他第一手材料。论文提出的每一个观点、立论都要有充分的事实材料为根据。要用科学方法对材料进行实事求是的分析,从分析判断中找出反映一般规律的东西,形成自己的观点,得出结论。在这个过程中,学会运用"去粗取精、去伪存真、由此及彼、由表及里"的提炼资料和研究方法,则是特别重要的。

现在,学科交叉和渗透的现象日益加强。法学中某些学科,例如环境法、科技法等,则跨越社会科学和自然科学两大领域。学生在论文写作过程中,将涉及相关学科的各种问题,有些问题,导师也不熟悉。这就需要导师引导学生查阅有关文献资料和请教有关专家,同时也应该注意在日常教学活动中,处理好学科领域中知识的系统性与渗透性的关系。

学生论文涉及的各种研究领域,不一定都是导师所熟悉的。这就应该鼓励学生善于提出新问题,去探索导师尚未涉足的领域。优秀学生的某些研究成果也可能超过导师,导师应该提倡和欢迎自己的学生"青出于蓝而胜于蓝"。

能力的培养应该包括写作能力。写作能力是文科研究生的基本功。近年来,大学生、研究生的写作能力似乎有下降的趋势。在硕士论文写作过程中,应该注意严格训练其写作能力,而且,写作能力的提高,不是一蹴而就的。在本科生阶段就应注意训练,在研究生阶段应进一步加强训练。通过平时要求写读书报告、读书心得、调查报告、短文章等多写、多练、多动笔的方法,随时注意纠正其文字表达上的毛病,不断提高写作能力。

怎样写民法学论文

魏振瀛

北京大学法律学系教授

随着民事立法和民法学的发展，法律学本科生写毕业论文选写民法学论题的不断增加，报考和被录取的民法学研究生增多。历年来出现了一些优秀的民法学学位论文，有的已全文或部分公开发表，这是我国民法学新发展的反映。本文结合自己研究民法学、指导和审阅本科生与研究生学位论文的体会，谈谈写民法学论文的问题。

一、写民法学论文的目的与要求

本科生必须写毕业论文，论文合格才能取得学士学位。研究生必须写学位论文，论文合格才能取得硕士或博士学位。从学位制度方面看，论文是考核作者是否达到一定学位水平的重要标志。从论文作者方面看，写论文的直接目的是为了取得一定的学位。

不同的学位论文有不同的要求。我认为对本科生毕业论文的基本要求，应当是通过毕业论文，能反映出作者运用在大学期间所学到的基本理论与知识，分析本学科某一问题的水平和能力，当然也要考核作者的文字水平与能力。但主要是前者，而不是后者。写民法学论文，应反映出作者对民法学的基本问题有较深入的掌握，有分析民法学某一问题的水平和能力。从培养目标方面看,写毕业论文是培养学生分析问题和解决问题的方法与能力,学习学术研究的方法,为将来从事实际工作或法学研究打下基础。

硕士学位论文,应当反映出作者经过学习与研究,有较高的分析和解决本学科问题的水平与能力。民法学硕士学位论文,应反映出作者对民法学有全面深入的研究,所写论文有独立的新见解。

硕士研究生写学位论文,是要培养与锻炼其独立进行科学研究的方法与能力,同时也应体现出一定的研究成果,对所写的问题应在学术界已有的水平上前进一步。例如,针对民法学某一学说或基本观点,能够提出新的论据、理由或新的论证方法,使之增添新的内容,即使是在原有的基础上前进了一点,也是可喜的成果。如果有独创性的新见解,更为可贵。

民法学博士学位论文,应反映出作者对民法学有深厚的基础和精细的研究,有关于民法学方面的广博的知识。所写论文应有独创性见解,对民事立法和民法学发展有重要参考价值。

以上讲的是写学位论文的目的和基本要求。达到上述要求并不容易。我指导的一位学习较好的研究生曾对我说:"三年研究生日子好过,但写毕业论文不好过。"这句话有一定的代表性。的确,写一篇合格的学位论文,不是轻而易举的事儿。但是,只要努力,写一篇合格的学位论文并不很难。

二、论文题目的选择与确定

选择与确定好论文题目,是写好论文的前提。写民法学论文是要解决民法学术问题,为民事立法和司法实践服务,解决好民法所调整的社会关系。

论文题目的选择与确定,需要导师指导。导师对本学科的学术问题掌握比较全面,懂得"行情",有义务指导学生选择论文题目。导师为研究生提出选择论文题的方向或提出具体题目是必要的。北京大学法律学系各教学与研究室每年给本科生出毕业论文题。教学与研究室或导师提出的论文题目,都是引导或指导性的,而不是决定。论文题目可以由教学与研究室或导师提出,也可以由学生提出,并可以互相研究,最后应当由作者自己确定,因为论文是由作者撰写,问题要由作者解决。

在什么时间选择与确定论文题目为好,不能一概而论。本科生一般在四年级下学期见到教学与研究室提出的论文参考题目以后,才选择和确定论文题目。这个时间选定论文题目,好处是已经学完了本科的基本课程,有了较全面的基础知识。如果在学完某门课程后,开始注意选择该学科的论文题目,弱点是法学基础知识还不够全面,视野不够广阔;优点是早定方向、早搜集资料,准备较充分。以上两种选择均可。研究生已具有较全面的法学基础知识,选定学位论文题目的时间可早些。研究生在第三学年主要是写论文,论文题目的确定一般应不迟于第二学年年末或第三学年年初为好。有的研究生在最后一学期才确定论文题目,仓促成文,影响质量的提高。当然,每个人的情况不同,选定题目的时间可以早些,也可以晚些。

选择与确定论文题目既有区别又有联系。前者主要是发现和提出若干问题,后者是确定要研究的问题。发现和提出问题、选择与确定论文题目,应当和学习与研究密切结合起来。从这个意义上说,学习和研究的过程,也就是选择和确定论文题目的过程。研究生阶段需要读大量的书,但读书并不等于做学问。应当边读书、边思考、边发现问题。时间长了,积累的知识和问题多了,选择论文题目的路子自然就宽了。

研究生确定论文题目时,应当摸清三个底:一是自我基础的底;二是民法学已有成就的底;三是所要确定的题目的资料状况的底。

(1)摸清自我基础的底,就是要估计自己对所要确定的论题所需要的知识和材料掌握的情况,还有多大潜力,以及兴趣的大小等。应当选择那些自我基础好、掌握材料较多、研究较多、兴趣大的论题,而不是相反。

(2)摸清民法学已有成就的底,主要是指摸清所要确定的论题已有哪些研究成果,已达到什么水平,哪些问题需要进一步研究,通过写论文可否取得新成就等,这样才能选中目标。否则，即使花费很大力气，可能是重复他人的研究，意义不大。

（3）摸清所要确定的题目的资料状况的底，是要搞清楚所要确定的论题所需要的资料来源有多少；书籍、文章、实际材料的状况如何；有关外文资料是否能找到，能否流利地阅读与使用等。进行学术研究必须有充分的资料，巧妇难为无米之炊，缺乏必要的资料就难以进行研究，论文就难以写好。有些民法学中的问题需要进一步研究，但资料有限，在有限的时间内不易取得成效。有位硕士研究生写了以无因管理为内容的学位论文，花费了不少精力，收获较大，论文通过了，但不够理想，主要原因是关于无因管理的资料很少，而且难度较大。写这类论文，不仅需要对古今中外有关立法做比较研究，而且更重要的是从立法指导思想上考察，从社会制度、道德观、价值观、法律观、社会学等多方面研究，才能写好。

论文需要有关民法史学方面资料的，可参考的民法史专著极少，需要早动手，从大量史料中查阅。有的论题的资料和研究成果不多，但实践中已有不少情况，已提出不少问题，可以到有关主管部门和基层作调查，然后以民法学的基本原理为指导进行研究，就可能写出对有关立法与实践具有参考价值的论文。我系有的研究生写的关于土地使用权和招标投标方面的论文，就属于这一类。写这类论文需要有敢闯敢干的精神和扎扎实实调查研究的好学风，才能取得好成绩。

摸清了上述三个底,并且弄清了论题的难易程度,最后确定题目就比较有把握了,就能下决心把它写好。

学位论文题目的确定,最好与学习研究过程中所写的文章或心得体会结合起来。这样学习与研究就有了重点,就容易深入。我认为,本科生和研究生都应锻炼写文章,研究生期间应当公开发表文章。平时多动笔,写学位论文时就比较顺手。现在不仅有的本科生不大写文章,有的研究生也很少动笔。这种状况应当改变。

论文题目有大有小,有难有易。本科生的论文题目应当小些,具体些(可参考法学报纸杂志上的论文题目),研究生的论文题目也不应太大。从过去学生写的论文看,开始多是关于民法基本制度的论题,如法人制度、代理制度、民事责任制度等。在缺乏有关立法的情况下,题目大一些是必要的。近几年来,对民法基本问题的分支,如企业联营中的民法问题、国有企业经营权问题、精神损害赔偿问题等均有所研究,总的来看,论文题目偏大。我主张小题大做。题目应逐步由大到小,由浅入深。例如写关于法人制度的论文,按其所涉及问题的大小可分若干级:一级,如法人制度的历史发展、我国法人制度等;二级,如企业法人制度、财团法人制度等;三级,如企业法人成立的条件、企业法人民事责任的承担等;四级,如企业法人章程、企业法人工作人员的民事责任等。今后,随着法人制度中出现的实际问题的增多,可能还会有五级、六级的论文题目。其他论题亦然。

有的问题并不大，且长期有分歧意见，它涉及民法学的基本原理和对现行法律的评价，也关系到司法实践，对这类问题应注意发现和研究。例如《中华人民共和国经济合同法》第35条规定："当事人一方违反经济合同时，应向对方支付违约金。如果由于违约已给对方造成的损失超过违约金的，还应进行赔偿，补偿违约金不足的部分。"有人认为，实践中有的实际损失很少，而违约金过高，按此规定处理，显失公平，并提出这条规定应作修改。对此至今仍有不同意见。如果以违约金与赔偿金的关系为题写论文，可以从民事责任的基本特征、违约金的性质及其历史发展、我国有关立法与司法实践状况的分析、有关不同规定的利与弊等多方面考察研究，可能提出好的立法建议。

民法学论文的面有待拓宽，研究生论文应逐步涉及各种具体的民事法律制度，如诉讼时效与除斥期间、无权代理、有价证券、票据、买卖、租赁、信贷、行纪、居间、不当得利等各种债与合同，以及各种民事责任形式等。

选择和确定论文题目，还需要考虑论文的类型。民法学的研究可分为民法解释学、民事立法政策学、比较民法学、民法史学以及民法社会学等。研究生学位论文无论题目大小，均可从上述不同的角度研究。根据我国现实和我所看过的数十篇学位论文，民法学位论文可分为以下七种类型：

（1）改革型。结合我国经济体制改革，研究我国民法问题。如国有企业经营权、财产权问题，企业承包经营与租赁经营中的财产权问题，土地和其他自然资源的有偿转让问题等。这些问题在民法学领域具有开创性，有待进一步深化。

（2）解释型。对现行民事法律从理论上、适用上进行学理解释。如对《中华人民共和国民法通则》中规定的民事行为、民事责任等有特点的问题，或对法律规定简略，需要作解释性探讨的问题等。这种研究有较强的实践意义。

（3）史学型。主要从民法史学角度考察某一民法问题。如我国物权体系的历史发展、民事归责原则的历史发展等。通过对有关史料的研究，考察其规律性，可作为解释现行民事立法和完善民事立法的参考。

（4）总结型。对民事法律实施中出现的新情况和新问题做调查研究、归纳分析，提出总结性的学术研究成果。如我国新出现的合伙类型及其财产关系、财产责任的考察与研究等。

（5）比较型。对各国民事立法做比较研究。如合同责任形式比较、版权法比较等。通过比较，对不同的立法作出适当的评价，考察我国立法的优缺点，以利改进。

（6）借鉴型。对我国需要的法律制度，但尚无立法或立法不够完善的，如产品责任制度、知识产权制度等，对这方面的外国立法与学说进行研究，提出我国可借鉴之处，提出有关立法或健全有关法制的建议。

（7）边缘学科型。有些法律制度与学说与民事法律有交叉或密切联系，如公司制度、国家赔偿制度、破产制度、农村联产承包责任制中的法律问题等，可运用民法学原理进行探讨。我国经济体制改革将会深入发展，将有新的法律问题出现，需要不同的法律学科从不同的角度研究。民法学研究应走在立法和司法实践的前面，以适应社会关系不断发展的需要。

三、资料的搜集与提纲的形成

论文题目确定之后，就进入以搜集和整理专题资料为主的阶段。搜集和整理资料，实质上是进行专题学习与研究，是在原有学习与研究的基础上的继续与深入。如同搞一项建设工程，搜集与整理资料是进行勘察、初步设计和准备建筑材料，这是搞好工程建设的基础。

搜集资料应全面，有重点。有人主张应掌握与论文有关的所有资料，有人称之为"竭泽而渔"。下这样的工夫写出的论文，就有坚实的基础。做到"竭泽而渔"不容易，但对主要的资料必须掌握。写民法学论文的资料有以下几个方面：

（1）民事立法资料。我国已有的民事法律、法规和司法解释，有的已汇编成册公开出版，并将继续出版，这为民法学研究提供了第一手资料。近十年来，外国有代表性的民法典中译本陆续出版，其中有《法国民法典》《联邦德国民法典》《瑞士民法典》《日本民法典》《苏俄民法典》《捷克民法典》《民主德国民法典》等,为我们进行民法比较研究提供了方便条件。

(2) 民事司法资料。最高人民法院有比较系统的司法解释性文件,如《关于贯彻执行民事政策法律若干问题的意见》《关于贯彻执行〈经济合同法〉若干问题的意见》《关于贯彻执行〈中华人民共和国继承法〉若干问题的意见》《关于贯彻执行〈中华人民共和国民法通则〉若干问题的意见(试行)》等。这些文件不仅对有关法律作了解释性的规定,而且在一定意义上有补充法律不足的作用。《最高人民法院公报》和《人民司法》等各种法律方面的杂志、报刊上的案例、资料,大都来自司法实践,研究这些案例和资料,是联系实际的重要途径。

(3) 民商法著作。新中国成立以来,在公开出版的高等院校的民法教材中,有代表性的(按出版时间为序)有:《中华人民共和国民法基本问题》(原中央政法干部学校民法教研室编著,法律出版社 1958 年出版)、《民法概论》(佟柔、赵中孚、郑立主编,中国人民大学出版社 1982 年出版)、《民法教程》(王作堂、魏振瀛、李志敏、朱启超等编著,北京大学出版社 1983 年 5 月出版)、《民法原理》(佟柔主编,法律出版社 1983 年 6 月出版)、《民法学》(李由义主编,北京大学出版社 1988 年 6 月出版)。上述教材各有特色,从一个侧面反映了我国民事立法和民法学研究的发展进程。

近几年来，先后出版了一些民法学专著，如《知识产权法》（郑成思著，法律出版社 1986 年 4 月出版）、《合同法》（王家福、谢怀栻、余鑫如、王保树、梁慧星、余能斌等著，中国社会科学出版社 1988 年 6 月出版）、《民法学研究综述》（史探经、张新宝、张广兴编著，天津教育出版社 1989 年 6 月出版）、《民法新论》（上、下两册，王利明、郭明端、方流芳、吴汉东著，中国政法大学出版社 1987 年 7 月出版）等。

上述教材和专著，可作为本科生与研究生共同的参考书。研究生还应参考我国台湾地区和外国民商法学的主要著作。如我国台湾地区民法学者史尚宽、郑玉波、王泽鉴等教授的主要著作，以及《苏联民法》（莫斯科法律书籍出版社 1979 年出版，中国社会科学院法学研究所民法经济法研究室译，上册和下册由法律出版社分别于 1984 年和 1986 年出版）、《合同法概论》（〔英〕P.S. 阿蒂亚著，程正康等译，法律出版社 1982 年出版）、《外国民法资料选编》（法学教材编辑部《民法原理》资料组编，法律出版社 1983 年 6 月出版）等。

除一些专著外，民法学研究的成果突出体现在一些有学术价值的论文中。质量较高的民法学论文，主要集中在一些影响较大的学术刊物上，如《法学研究》《中国法学》《法学译丛》《中外法学》以及《政法论坛》等一类高等院校学报。其他法学报刊上也有不少质量较高的论文和可贵的资料。郑玉波担任总主编的《法学论文选辑》，其中有七辑是民法学方面的，均可参考。此外，研究生写学位论文，应搜集有关外文资料（英文和日文的资料较多）。

（4）社会调查资料。民法学的实践性很强，本科生和研究生的专业实习与社会调查，是获得实际材料的好方式。通过社会调查获得第一手资料，是理论联系实际进行研究的重要途径。我体会，与法官和业务主管机关有经验的干部交谈，向他们询问、请教，可以获得从文字材料上难以获得的好案例和资料，有时感到如获至宝，对民法学研究颇有帮助。

搜集到的资料，除书籍外，可用笔记本、活页纸、卡片、剪报、复印件等形式保存。无论采取什么形式，应使之便于分类整理。分类整理出的资料，便于综合、比较、分析。看一本（或一袋、一批）同一问题的资料，好像参加一次研讨会，可以了解各种不同的见解，对自己能起到启发、补充、提高等作用。

搜集与整理资料大体就绪，分析与思考问题大体成形时，应及时进入写提纲阶段。有的同学不愿意写提纲，直接成稿再请导师指导。这样做似乎进度快，但往往事与愿违，返工多，费时费事。写提纲如同建设工程搞技术设计和施工图，有了提纲就有了全局和基本构架，明确了每个部分所占的地位与相互关系，写起来就意顺笔随，避免走大弯路。

写提纲是争取导师指导的重要环节。有了比较详细的提纲，导师才能掌握作者的思路，看出问题之所在，便于提出较具体的意见。我指导本科生与研究生写论文，往往让作者给我讲提纲、讲构思、讲观点。因为一方面，有的提纲写得不够细；另一方面，我想通过交谈，比较深入地了解作者对论题掌握的情况和问题所在。

写提纲是要对论文的全部问题进行周密的思考，提出论点、论据，安排材料的取舍，它是专题学习与研究成果的高度概括。写提纲的时间可长可短。可由粗到细，开始可以仅是大标题，在搜集与研究资料过程中，逐步补充，直到提纲形成。

写提纲有时会发生详略不均的情况，有的部分太细，有的部分太粗。写得粗的地方通常是掌握资料不够或思考不周的地方，对这部分需要进一步搜集资料或进一步研究。

四、初稿的形成与修改和定稿

动手写初稿之前，对全篇需要多少字，各部分各占多少字，应有个大体安排，最好在提纲中定下来。论文字数以多少为宜，难以作统一的规定。论文题目的大小、类型，论述的角度、深度等，都关系到字数。论文的关键是质量，而不是文字的数量。质量好坏与文字长短不是正比关系。文字不长而有见地、有价值的文章，比长篇大论而人云亦云的论文好得多。但这不是说论文的质量与文字数量无关,没有一定的量,也就没有一定的质。本科生如果写一篇两三千字的有见地的优秀文章,固然很好,但是达到高水平不容易。我认为,本科生毕业论文应以能在一般法学刊物上发表为目标,一般以五六千字为宜,最长不超过一万字。不要贪多求大,要在质量上多费心思。

研究生的学位论文以多少字为宜,其说不一。有的学者认为,硕士和博士学位论文一般均应在两万字左右;有的学者主张,硕士学位论文一般应为五六万字,博士学位论文一般应为十万字以上。主张字数少的,要求质量很高。上述不同意见各有道理。我认为,民法学硕士学位论文的精华部分,应可成为在学术刊物上发表的一万字左右的文章。论文应能反映作者独到的见解和较丰富的资料,为此论证一般应在三四万字,多者可在五六万字。博士学位论文的精华部分应可改为在学术刊物上发表的数篇文章,一般需要六七万字,多者可十万字以上。

提纲写就之后,即可动手写初稿。写论文是要解决问题。能否解决好问题,要看作者的概括能力与独立思考能力,要看作者下工夫多少。写作阶段是系统深入研究的阶段,是在原有基础上升华,需要付出更为艰辛的劳动。

一篇好的学位论文,应当观点正确、有独创性,论据充分,论证有力,结构严谨,逻辑性强,文字流畅。论文水平的高低,主要看其理论价值与实践意义。对不同类型论文的要求各有区别。根据我自己研究民法学的经验和审阅硕士与博士学位论文的体会，写好学位论文应注意处理好以下几个方面的关系：

（1）理论与实践的关系。如果把法学区分为理论法学与应用法学两大类，民法学则属于应用法学一类。民法学重点应研究民事立法与民事司法实践中的问题。我国民事立法不能说已经完备，但已初具规模，其主要部分均有法可依，有些规定比较具体。我国的民事司法实践历史虽然不长，但所反映出的内容与问题，可谓丰富多彩，其中有不少问题有待研究。前几年，民法学位论文从立法建议角度考虑较多是必要的，但对已有立法的适用和司法实践中出现的问题注意不够，有些论文缺乏有说服力的实际材料，有待改进。我认为，即使从比较民法学或民法史学的角度写论文，也有必要注意了解现实问题，以便更有针对性，也利于阐述的全面性。

强调民法学的应用性，不是主张就事论事。有些学位论文缺乏的是理论上的阐述，讲应当怎样做较多，讲为什么应当这样做而不应当那样做的理由较少，理论性不强。突出表现在不善于用社会主义经济学和经济管理学理论，阐明民法所调整的经济关系；不善于从社会主义道德观与法律观的结合上，阐明民法所调整的人身关系，对民法学理论本身研究也不够。高水平的民事立法与司法，需要高水平的民法学理论为指导，学位论文应在民法学理论上花力气。

(2) 中与外的关系。新中国成立后,民事立法发展较慢,民法学起步较晚,中断时间较长。改革开放以来,根据实际需要,较多地参考与吸收外国的民事立法与民法学,是完全必要的。民法调整的对象以商品关系为主要内容,并调整平等主体之间的人身关系。不同历史时期、不同社会制度的国家,在这方面有共同点。例如,《中华人民共和国经济合同法》第14条第2款规定:"给付定金的一方不履行合同的,无权请求返还定金。接受定金的一方不履行合同的,应当双倍返还定金。"早在奴隶制时期的罗马法中已有类似的规定,现今不同社会制度国家关于定金的规定与学说,主要是由罗马法与罗马法学说沿袭下来的。今后我们应继续吸收和借鉴外国民事立法和民法学中对我国有用的方面。

应当明确,由于社会制度、经济、文化、民族传统、社会生活状况,以及人们的意识形态等方面的不同,各国的民事立法和学说不能相互完全照搬。例如,德国和瑞士的国情有很多相同与相近之处,但两国的民法典却大不相同。1896年颁布的《德国民法典》,以体系结构严谨、文字精确而著称,但是难懂。1907年制定的《瑞士民法典》则以灵活、通俗而出名。其主要原因是德国与瑞士的司法制度与法官的专业知识水平不同。《德国民法典》适合于德国法官与律师(普遍受过高等法律院校的培养教育)的水平。瑞士当时不强调律师制度,法官的专业知识水平不高,《瑞士民法典》的起草者有意回避了一些抽象的民法术语。这两部法典颁布后都受到了好评。

我们应当有适合我国国情的民事立法，取众家之长，弃众家之短，创造更先进、更科学的民法学说。在借鉴外国民事立法与学说时，应分析其产生的历史与社会背景，了解其发展状况及现实存在的问题，找出规律性的可供参考之点，为我所用。有的研究生借鉴外国民事立法的论文，侧重于一般介绍外国立法现状或其历史发展，虽然资料丰富，有可取之处，但缺乏分析。对外国民事立法作恰当的分析有一定难度，应尽力而为，特别应注意分析外国民事立法哪些适合我国国情，哪些不适合我国国情。

（3）吸收与发展的关系。现代人类的知识大都是在吸收前人知识的基础上形成和发展起来的。一个人的知识是在吸收他人知识的基础上形成和发展起来的，民法学知识的获得与发展也是如此。为写好民法学论文，应尽量吸收他人的研究成果，才可能在已有水平上前进。

吸收他人民法学研究的成果，是把他人各种著作中的精华部分，通过分析、概括、提炼，用自己的话讲出来，使之更全面、更明确、更精炼、更系统或更好懂，这本身也是创造性劳动。有人说："天下文章一大抄，就看会抄不会抄。"此话不正确，应改为："天下文章千千万，就看会看不会看。"会看、会分析，就能取其精华，变为自己的营养，写好自己的文章。我发现，个别本科生的论文，不仅看不出什么新意，甚至连通说中的基本论点在理解上也不够，这就是因为不会看文章和分析文章。

在吸收他人成果的基础上,应充分发挥独立思考能力,提出自己的新见解,力求有所发展。从吸收与发展的关系看,学术论文的内容通常有三种情况:一是同意别人的观点,自己有新的论点、理由、论据或更好的论证方法,应使之丰富与完善;二是不同意别人的观点,提出自己的观点、论据,应阐明自己的观点的正确性;三是别人没有讲过,应提出自己的新见解。论文中,对自己提出的不同论述或新见解,应说清、讲透,明确是自己的体会或见解,以引起读者的注意和评论。有的学位论文在正文前有论文提要,提要中应说明论文的重点、特点与新见解是什么;有的学位论文有新论点或新见解,但对别人在同一问题上不同的重要观点毫不涉及;有的援用他人的重要论点或材料不加说明,这都是不能正确处理吸收与发展的关系的表现。

(4)广度与深度的关系。写好论文,论述需要一定的广度与深度。广度与深度既有区别也有联系。对某一学术问题如果从古与今、中与外、正面与反面、理论与实践等多方面阐述论证,就会有一定深度。但是,如果抓不住重点,面面俱到,蜻蜓点水,就谈不上深度。研究生学位论文的一个较普遍的缺点是注重全面性,缺乏深入性。例如,有的关于精神损害赔偿(非财产损害赔偿)的论文,从精神损害赔偿的概念、性质、历史发展、现实意义、构成要件、适用范围以及数额的确定等一一阐述,篇幅不小,但内容一般化。有的学位论文从目录到内容，看起来像扩大了的教科书的某个章节，缺乏新意，这种情况应当避免。学术论文贵在准确、新颖、有深度。

写初稿的时间长一些好还是短一些好？每个人的习惯不同，做法不一样。写稿的时间长短，关键是看资料准备与思考成熟的程度如何。资料准备充分，提纲较细，思考较成熟，写得就快，所需时间就短；反之则长。根据我的体会，准备充分些，写的时间集中些，思路连贯，写得较快，效果就好些；如果边准备边写，写写停停，旷日持久，思路经常中断，往往重复劳动，事倍功半。

研究民法学或写论文过程中，会遇到一些问题一时想不明白，请教他人也得不到令人满意的回答。对这种问题可暂时放一放，以后再搜集资料或反复阅读有关法律条文和著作，进行分析比较，到一定时候可能会豁然开朗。经过这样的思考、研究过程，对有的问题即使还不很清楚，但可以懂得它在民法学中的地位和民法学界研究的状况，心里就有了底。

从初稿形成到定稿，需有必要的修改时间。有的初稿形成后，距答辩的时间很短，来不及仔细修改就仓促付印，影响提高质量。有人主张，论文初稿形成后应反复修改，无疑是对的。但我认为，学位论文应避免大返工，特别是对基本论点与体系、结构，应避免推倒另起炉灶，因为论文必须及时交出，时间有限。

初稿形成后,要听取导师的意见,也应听取其他人的意见,然后再作修改。要敢于坚持真理,修正错误,从论点、论据、结构、逻辑、文字诸方面认真推敲,争取达到力所能及的最佳水平。

漫谈怎样写学位论文

沈宗灵

北京大学法律学系教授、
比较法和法律社会学研究所所长

本文原先是准备在教研室会议上讨论指导研究生工作时的一个发言大纲，现在改写成这一短文。内容主要是谈笔者近几年来在指导和评阅研究生（主要是硕士研究生学位论文）过程中的一些体会和想到的问题，供系内外同学和老师商讨、批评和指正。

一、写好学位论文的意义

与 20 世纪 80 年代前半期的研究生有所不同，近几年来的研究生中，有相当一部分人对写学位论文不够重视，有的人抱着一种消极的态度，仿佛写论文仅仅是为了取得学位，是不能不接受的一项任务。在这种想法支配下，恐怕很难写出较好的论文。一篇较好的论文在客观上有什么价值（学术价值或应用价值），这一点暂且不论，仅就论文写作者本人而论，写好一篇学位论文，除了是获得学位的一个必要条件外，还有很多重要意义。据我所知，本系的研究生在写学位论文前，经常在报刊上发表文章的人固然有，但一般是很少发表文章的，有的甚至从未发表过一篇文章。对一般研究生来说，写出一篇 3 万字左右的学位论文，对提高自己的理论和知识水平、培养自己今后独立进行科研的能力和写作能力等方面，都有极为重要的意义。如果本人能认真地写，指导教师也能严格要求，其收获当然会更大。研究生写论文前学习各门课程固然重要，但写学位论文的重要性绝不亚于学习课程。从某些意义上讲，可能比学习课程更为重要。论文本身的质量是测定学习课程成效的一个重要标志。如果研究生的论文主题与他以后的工作或研究有直接联系，写好论文对他今后的帮助更是不言而喻的。

二、论文的指导思想

像其他文科一样，对法学学位论文的要求首先是必须坚持四项基本原则，以此作为写论文的指导思想。这里应特别注意的是，一般来说，研究生思想活跃、勇于探索，这种精神是很可贵的；但另一方面，他们又比较年轻，对中国的历史和现状的了解不会很深刻，同时，由于种种原因，他们对马克思主义的基本理论的理解也不会很透彻，还不可能准确地用辩证唯物主义和历史唯物主义来分析和理解问题，往往容易形成一些片面的观点。有的人甚至想离开唯物史观构造一个"思想体系"。这种论文当然是不符合要求的。所以，对研究生来说，撰写论文的过程应该同时是一个认真学习马克思主义基本理论的过程。

对包括法学在内的文科学位论文，除了以四项基本原则作为指导思想外，还要有学术水平上的要求。总的来说，确定一篇学位论文的质量是以国内相同专业发展程度作为依据的。具体地说，可以将论文的创造性、理论和应用价值、选题难度、思想深度、内容可靠度、研究方法、文风、逻辑性和写作技巧等几个方面作为评估的客观标准。有的论文虽然不能说有什么创新，但如果能对某个重要问题的观点进行相当系统的整理，这也可以说是对学术上的一个贡献。在评估法学学位论文时，我们也经常讲它对社会主义法制建设的实践有什么作用，或者讲这一论文在理论和实际的联系方面已达到什么程度，等等，这些也都是评估的客观标准。但所有这些评估标准都是相当抽象的。仅就一个学校范围而论，实际上，论文的质量要由学位论文的评议人和参加论文答辩委员会的成员在民主基础上集体判断。

三、选题和计划

选题是写论文的第一道工序。硕士研究生学习计划中规定的写论文时间一般是 1 年。选题是一个很重要而且不是可以很快完成的任务。较好的办法是，研究生在开始学习后就可以考虑论文选题，而且可以对几个主题进行比较后加以确定。一般地说，研究生可以从以下几个方面来考虑自己的选题：某一主题在理论和实践方面的意义；在资料收集和本人理论水平及知识方面的可能性程度；与本人今后可能从事的工作和研究的关系；本人的兴趣，等等。选题的确定，需要研究生和导师双方共同洽商，最好还应征求本教研室其他教员的意见。有的导师可能希望研究生的选题与他本人负责的科研项目结合起来，如果研究生本人愿意的话，这也是一个较好的选题方式。研究生在选题时自然要考虑本人的专业和研究方向，但对这一要求似不能机械了解。笔者认为，我国法学的专业和研究方向划分过细，所以在确定论文选题时可以适当扩大范围，特别在近几年研究生面临分配困难、专业无法对口时，更应扩大论文选题范围。

写学位论文一定要有一个计划。其中特别要注意进度的合理安排。在笔者所接触到的研究生中，相当多的人总是先松后紧，有的人甚至紧得连打印都来不及，或在答辩前二三天才将自己的论文匆匆送交评议人或参加答辩委员会的成员评阅。在安排进度时，一般可分为以下几个阶段：第一，选题、收集资料，有的还要进行社会调查；第二，拟定一个较详细的大纲（也要与导师共同商定）；第三，撰写初稿；第四，修改定稿；第五，打印、由评议人和答辩委员会成员评阅论文；第六，答辩。这六个阶段往往是有交错的，例如，撰写初稿时还要进一步收集资料，有的人甚至还要重新选题；打印和校对清样也需要一定的时间，特别是论文清样一定要由研究生本人认真校对。

四、收集资料和社会调查

在考虑选题时,应同时考虑收集资料和进行社会调查。收集什么资料和进行什么社会调查当然离不开题目,但反过来,确定题目也首先要考虑收集资料和社会调查的可能性。研究生当然可以也应该征求导师在收集资料方面的意见,但应多注意发挥自己的主动性和积极性,而不应过于依靠导师。因为收集资料工作本身是独立进行科研工作的一个重要环节,而这种能力主要是通过研究生本人努力来培养和提高的。再有,导师本人也不可能对每一篇论文的资料情况都是熟悉的。在收集一般书刊资料时,要注意利用图书馆中的工具书,如中外文大百科全书、专业性词典、资料汇编等。很多研究生在第一次看到图书馆的藏书时,都有"学海无涯"的感觉,但奇怪的是,有的研究生即使在毕业时也还没有掌握使用较高层次工具书的基本功。研究生应在平时养成随时收集对自己今后有用的资料或者索引的习惯。为撰写论文而收集资料的范围最好也广一些,国内的和外国的、中文的和外文的、理论的和实践的、论著和法律及法规,等等,都应加以考虑。一般地说,对有关资料大体上先翻阅一下,以便选出自己所需要的部分,然后再进一步消化。除非写论文的直接目的是系统地进行整理。收集资料旨在掌握有关论文主题的已有成果、动向,而不是简单地重复他人的观点。当然，在学术性论文中，引文是必然会有的，但论文也绝不是引文的堆积。

法学学位论文，特别是选题属于应用法学、部门法学的论文，一般都应以社会为工厂，进行社会调查，贯彻理论与实际相结合的原则。但近年来，由于经费等方面的限制，进行社会调查有不少困难。为此，更应注意利用假期或其他社会活动的机会，以及从报刊资料等渠道，进行不同形式的社会调查。总之，目的是使自己的论文从实际出发，而不是空话连篇。如果在撰写论文过程中有进行专门的社会调查机会，当然要有效地加以利用，而不应用来去从事与社会调查无关的活动（如旅游、探亲等）。

五、学风、逻辑性和写作技巧

北京大学大讲堂前面墙上有八个大字：勤奋、严谨、求实、创新。这四个要求可以说是写学位论文时对学风和文风的基本要求。近年来，由于社会风气不正以及其他一些原因，研究生论文中学风不正也是一个比较突出的现象。不从本国历史和国情出发，妄下判断，洋八股也很多，而且又一知半解，等等，不一而足。无论研究生或导师都应正视这一问题，要把撰写论文看做是检验学风是否良好的一个过程。

有的论文中很不注意逻辑性。逻辑性要求立论鲜明、前提可靠、材料典型、推论合理、结论有说服力。一般的要求是论文有观点、有材料、推论合理。

研究生，特别是平时很少写文章的研究生，应注意改善和提高自己的写作技巧，才能达到语言丰富、文章流畅、引人思考的程度；论文一般也应做到通俗易懂、条理清楚。但现在有的研究生论文中还存在着晦涩难懂、病句错字颇多的现象。在近年来的学位论文中，还有两个相当普通的现象：其一是洋洋几万字的论文很少有脚注，甚至一个脚注都没有。对学术性论文的一般要求是：凡引文都宜加上脚注；凡是他人作品中的一些重要的、创见性的观点，如在自己的论文中引用了这种观点，即使不加引号，也应当标明脚注。其二是对论文列出参考书目的正确理解。不少研究生论文最后都附有一个参考书目，这是指自己在撰写论文过程中的确参考过的书刊目录，而不是写上几十本实际上并未看过的书刊名称。

六、珍视自己的研究成果

论文答辩通过后，研究生应注意根据答辩过程中提出的问题，修改自己的论文和论文提要。写论文时，最好在写完初稿后同时写出一篇3 000字左右的论文提要和另一篇约1万字左右的文章。提要是学校要求一定要写的。文章是可考虑向报刊投稿或在有关学术会议上提出的。写成1万字左右文章的直接目的是：3万字左右的论文很难有发表机会，压缩成一篇文章就可以使自己的论文有问世的机会。再有，一篇学位论文，不管在客观上是否有价值，或有多少价值，但总是自己辛勤劳动的成果，是应该珍视的。如果有可能的话，应该继续就这一主题进行研究，而不要答辩一过，论文就被束之高阁。

博观约取　厚积薄发

饶鑫贤
北京大学法律学系教授

按照规定,大学本科学生和研究生(包括博士研究生),毕业前都必须写毕业论文。毕业论文究竟应当怎么写呢?常有同学向我提出这个问题。这使我想起了鲁迅先生写的一篇题为《作文秘诀》的文章。[①] 但这篇文章并不是真正告诉人们什么是作文的"秘诀",而恰恰是指出作文并没有什么"秘诀";所谓"秘诀",无非是写作时装腔作势,故弄玄虚,用某种障眼法吓唬人、愚弄人罢了。难道作文就没有什么要注意的了吗?当然也有。用鲁迅的话说,那就是"有真意,去粉饰,少做作,勿卖弄"。我想这个道理同样适用于写作毕业论文。下面,我姑且根据个人指导写作毕业论文的些许体会,本着鲁迅的这个意思,不拘形式地漫谈一点想法。

有一句老话,叫做"文以载道"。[②] 大意是说,文章是一种载体,是承载和表达、阐发治国济民的道理或学术理论的工具。这话颇有道理。文章,指一般的理论性文章,总都是有所为而发的。这个有所为,在今天,不外乎宣传马克思主义、毛泽东思想,阐释革命和建设的理论、路线、方针、政策,陈述对各个领域的基本理论问题的见解,表达对某个专

---

① 参见鲁迅:《南腔北调集》中的一篇,载《鲁迅全集》第4卷,第611页。
② 语出[宋]周敦颐:《通书·文辞》:"文所以载道也。"

业理论或实际问题（包括理论上的争论）的态度，等等。不包含这些内容的为写作而写作，或者为达到别的什么目的而装腔作势声称为论文的，大约也有，但那最终是要被人们唾弃的。就毕业论文而言，它除应具有上述"载道"的性质之外，还具有作为国家考查高等学校毕业生学习成绩、专业修养的重要手段的性质。因此，端正态度、严肃对待，是我们写作毕业论文首先要解决的一个问题。

常听人说，某某人是一支"笔杆子"，写得一手好文章。这意思通常是指，这人颇有写作的技巧；着重点是在文字的方面。其实，这一说法有很大的片面性。写文章，要有一定的文字修养，这虽然不错，但并没点中要害。据我看来，要写好文章，关键在于具有包括文字修养在内的一系列基本修养。其中最根本的一条是必须具有马克思主义的立场、观点和方法。这实际上是要求我们用什么思想来指导写作的问题。我们知道，马克思列宁主义、毛泽东思想，是科学的真理，是我们一切行动的指南。我们进行科学研究，写作毕业论文，同样离不开马克思列宁主义、毛泽东思想的指导。在这一点上，有许多历史的经验教训值得我们记取。最重要的是看我们能不能做到按照辩证唯物主义和历史唯物主义的基本原理，严格地从实际出发，把实事求是的精神贯彻到整个研究中去。例如，过去有的同学，刚一接触到写作毕业论文的问题，便下决心要修正马克思主义的某一原理，提出取代马克思主义这个原理的主张。心志高远，计划庞大，只不过这时他连马克思主义的基本精神是什么还没有搞清楚。这虽然是极个别的例子,但却说明不具备马克思主义的基本修养,不实事求是,不从实际出发的现象,的确是存在的。在这种情况下,要求他写出一篇像样的毕业论文,岂非缘木求鱼?当然,除此以外,还应有其他的基本要求。比如,写法学论文,还必须具有马克思主义法学理论的基础知识;如果写法律史论文,则除法学基础理论之外,还必须具有历史、哲学、古文字等方面的某些基本知识。当然,这绝不是说,必须在这些方面具有某种高深的修养之后才能写有关法学史方面的论文,而只是说,写作论文远不止要求具有文字修养就够了。

写文章,不只要会写,还要善于观察和善于思考。西晋时,有一位著名的文学家陆机。此公写过一篇在文学理论史上颇有名气的文章,叫做《文赋》。① 它是以专门研究文学创作过程中的构思问题为中心内容的。文章的一开头,就说了一大段佶屈聱牙、隐晦难懂的话,原文的大意是:从事创作首先要深入观察宇宙万物,借情景的变化以激发思绪,孕育主题;并要学习前人的著作,以供取法和借鉴,还要具备高尚的心志,以期正确反映客观现实的情景。这显然是专就文

---

① 参见陆机:《陆士衡集》,载《中华活页文选》合订本第5辑,中华书局编印,第31页。《文赋》开头的一段原文是:"伫中区以玄览,颐情志于《典》《坟》。遵四时以叹逝,瞻万物而思纷;悲落叶于劲秋,喜柔条于芳春。心懔懔以怀霜,志眇眇而临云。咏世德之骏烈,诵先人之清芬;游文章之林府,嘉丽藻之彬彬。慨投篇而援笔,聊宣之乎斯文。"

学创作而言。但我想，除了原文之令人难懂不足取之外，未必不可以移用于写作社会科学的毕业论文。

一、选题

说着说着，便涉及论文选题和选题前应如何做好准备的问题了。

据我体会，选题是一个务必要郑重对待的问题。"差之毫厘，失之千里"；一着之失，往往会导致全盘皆输。在这里最忌讳的，也是同学们容易犯的一个毛病，就是心血来潮，不假思索，凭空一想，随意定下一个什么题目，然后便真个动手来写。曾有这种情况：有的同学热衷于赶"新潮"，动辄来一个什么"反思"，或者来一个什么"大趋势""启示录"之类。其实呢，他对所要探讨的问题，还没有起码的了解，因此往往除了写出一个题目之外，再也写不出更多的东西了。这种做法万万不可取！因此我想到，选题的时候，可不可以先定下几条怎么选题的原则呢？比如说：选那些同现实关系紧密一些的问题；选那些自己比较熟悉和有较多体会的问题；选那些社会上或学术界争论较多、亟待解决而自己又有一定认识的问题；选那些自己积累资料较多，而且具有一定见解的问题；选那些与本学科建设关系密切的问题；等等。

这只是举例而言，可选的题目当然远不止是这么几类。

关键在于，总要是自己能够深入下去进行研究的问题。如果连进行研究还找不到门径，怎么可能谈到用论文来表达自己的思想观点呢？

当然，要做到这样去选题，也不是容易的。这是因为上面提到的，选题以前一定要做好一定的准备。这个准备，主要方面之一，就是必须广泛涉猎和浏览有关的资料。不然的话，即使有了选题的原则，没有选某个题的根据，也是不行的。做这工作，面窄了还不行，要站得高一点，看得远一点。不论是直接的、间接的、宏观的、微观的、理论的、实际的有关资料，都要有所涉猎和浏览。掌握了一定的资料之后，再行将它们过滤，最后按照选题的原则，斟酌取舍，便可选定题目了。只有经过这样严格的选题，才能使论文的写作建立在一个牢靠的基础上面。对了，这样选定的题目，最好还要送请导师审查一下，以听取意见。

上面所说的涉猎和浏览资料的工作，同确定题目以后收集和积累资料的工作是有所不同的。上面所说的涉猎和浏览，是为选题做准备的。它们只是起作为选题的根据的作用。涉猎或浏览的面虽然不妨尽可能广博一些，但选来作为选题根据的部分，通常并非很多。这就是本文题目的前半句"博观约取"的意思。至于写作时需用的资料，那主要是在选定题目之后去收集和积累的。当然，在浏览的阶段里，对一些重要的、珍稀的、估计写作时可能用上的资料，最好也能作一些摘要性的或目录性的卡片，以便来日使用。但根据不少同学的经验,在这一点上,很难作过高的要求,否则反而会耽搁整个写作论文的时间。

选题时还有一个问题,就是题目大一点好还是小一点好?我看这是由多方面的因素决定的。如果积累的资料丰富,有待探讨的问题复杂,涉及面较广阔,而自己的见解又比较多,用一个小题目涵盖不了多方面的内容,把题目定得稍大一些,也未尝不可。但就一般的大学生甚至硕士研究生来说,这种情况并不很多。过去有的同学写毕业论文,一上来就要论述什么"基本理论问题",或者要就中国以至世界几十年、几百年甚或几千年来的什么理论悬案,作出所谓"批判的总结"或"结论",动辄说"要从宏观方面着眼",云云。倘若条件具备,有些恢弘的抱负,当然并无不可,甚至还是应当得到鼓励和支持的。以往有个别同学,经过艰苦的努力,在这一方面也的确作出过很好的成绩。但是,就一般而论,这种做法往往有点脱离实际,愿望虽好,但条件不具备,还是达不到目的的。那就不妨慢慢来,一步一个脚印,从小到大,由近及远,逐步积累;一旦条件成熟,便水到渠成了。所以照我看,题目还是不妨定得稍微小一点、具体一点。这样既便于掌握,也无害于发挥。小题尽可以大做嘛!

二、资料、大纲与逻辑、文辞

题目既经选定之后,接着便是收集、积累资料和草拟大纲(或提纲)的工作了。根据不少同学的经验,为了集中精力和节省时间,这两项工作不妨同步进行。收集的资料如能当时做成摘录卡片并随手列入大纲的细目当中(即注明该项资料的使用处所),则除了可以起到帮助草拟或修订大纲的作用之外,还可以对接着要进行的实际写作,提供很多方便:既可节省临时查找资料的时间,又可避免资料的重复使用。当然,这是一项要求非常认真和非常细致的工作。但是要写好一篇论文,谁说可以不需要认真、细致地去做呢!

能不能拟订好大纲,是能不能把论文写好的基本关键。有人说过,大纲写好了,文章就完成一大半了。这话虽然略嫌过头,但却包含着一定的道理。因为大纲一定,古文所谓写文章"谋篇"的工作,或者说粗线条的"构思"——包括布局、结构等方面的考虑,便可以说大体上完成了。接着便是实际写作了。所以,我们在写作论文时,在这一个步骤上,一定不能图省力,以为无关紧要而马虎过去。有的同学初步定了一个题目,掌握了些许资料,便迫不及待地动手去写,唯恐送大纲请导师斟酌耽搁了时间,连草拟大纲这个必经的步骤也要省略过去。其实,这是很失算的。"欲速则不达"。这样做,表面看来节省了一些时间,到头来反而浪费了时间。有一位博士研究生,本来学得很不错,写毕业论文时,为了赶时间,自己拟好大纲之后,便动手写了起来,写了一阵之后,才把大纲送导师审阅,而导师在基本观点上提出了反对意见,因此大纲不得不重写,写成了的那一部分文章,也只得基本报废或要做根本修改。这岂不浪费时间?所以要认识拟订论文大纲的重要性,在写作之前认真拟订好大纲,这对顺利开展下一步的写作,是十分必要的。

拟订大纲,构思整个论文的框架,涉及种种问题,其中包括作者个人各方面的素养问题。如果像陆机在《文赋》中所说的那样,写作一般文学作品必须特别发挥想象力的作用,做到所谓"精骛八极,心游万仞"[①] 的话,我们写作社会科学——法学方面的毕业论文,就必须特别强调逻辑思维,强调理论观点上的周至和严谨,使之具有强有力的思辨和说服力量。南北朝时的文艺理论大家刘勰在他的代表作《文心雕龙·神思》[②] 一文中,在谈到这个问题时,认为作家为了创造性地构思,必须具备四个方面的修养:一是积累知识;二是辨明事理;三是参考经验;四是训练情致。我想,这些看法,即使今天用于我们写作毕业论文,也未必不是可以参考和借鉴的。

[①] 这句话的意思是说:构思开始的时候,要深思熟虑,旁求博考,善于想象,不受时空的限制。精是指心神,骛是指奔驰。八极是指八方(四方及四角),极远的处所。万仞是比喻极高的地方。

[②] 《文心雕龙》一书共有文章50篇,《神思》是其中的第26篇。参见《中华活页文选》合订本第5辑,中华书局编印,第137页。

关于逻辑思维，不但在拟订大纲时必须始终加以重视，而且在实际写作时，也必须时刻加以注意。写作除此以外，还有另一个很重要的问题，就是文辞和内容的关系问题。内容很好，如果没有适当的文辞来表达，即所谓"词不达意"，或者"词不尽意"，便不能很好地发挥文章的影响。我们的同学容易犯的毛病，还有另一方面，即内容不明确，甚至观点不正确，只知极力美化文辞，甚至出现内容不错而以词害意的现象。据我看，这后者比前者更需要避免和防止。有的同学在写作时不是郑重地考虑文章观点的正确或稳妥与否，而是只顾或过分地注意修饰词藻；等而下之的更是满纸新潮词汇，含义全然不管，甚至像现在有些读物那样，有使人读后感到不知所云的现象。这难道能不注意避免和防止吗？总之，我们写出来的毕业论文，除了观点正确之外，是还需要有点文采的。然而讲究文采有一个前提，就是一定要做到"以意役文"①，而不能"以文役意"。否则，即使有很好的文采，使人读不懂、解不透，也是毫无用处的。

三、材料取舍

最后，我想还有一个可以说关系全局的重要问题，那就是当要写和可写的内容太多时，如何正确处理的问题。有两

---

① 役，在这里是役使、驾驭的意思。

种截然不同的处理做法：一种做法是，一心想使文章内容丰富、有分量，或者想把文章尽量拉长一些，于是不顾是不是合适，一股脑儿把各种观点和资料往里面塞，结果弄得文章内容庞杂，臃肿不堪，眉毛和胡须混在一起，没有了中心和重点；或者如毛泽东同志所指出的那样，"甲乙丙丁，开中药铺"①，从当归、熟地到干姜、甘草，一应俱全。显然，这不是一种可取的办法。另一种做法是，紧紧扣住文章的题目，突出重点和要点，按照简要、精炼的原则，决定资料和观点的取舍：对于那些可写可不写、可引可不引的观点和资料，即使观点正确，资料珍贵，也一律割爱，毫不可惜。本文题目的后半句"厚积薄发"，主要就是指的这个意思。根据经验，这是保证论文质量的有效做法之一。与此有关的，是论文字数多少的问题。我认为，论文无论如何不要强求达到多少字。原则是内容多、内容好，就多写一点；内容不多、一般化，多写无益，就少写一点。字数少，不见得就是论文水平低。论文水平的高低，绝不是由字数多少来决定的。

怎样写作毕业论文，要回答的问题很多。我想我见识有限，只能谈到这里为止。就已经谈到的一些内容来看，也是

---

① 语出《反对党八股》一文，参见《毛泽东选集》合订本，人民出版社 1968 年版，第 795 页。

谈到哪里算哪里，地道的"漫谈"，没有什么章法。至于个人的一些看法，大部分恐怕也都还是"老生常谈""卑之无甚高论"；它们是否可以为要写毕业论文的同学提供一点参考，请大家审酌！

谈谈法学硕士论文的写作问题

肖蔚云
北京大学法律学系教授

撰写硕士论文，并没有固定的程式。各门学科、各个写作者的情况不同，也不能用一个模式来套。这里只想就十几年来接触到的一些情况，对写作硕士论文的几个问题谈谈个人的看法。

一、论文题目的选择

写作法学硕士论文，首先要重视论文题目的选择。题目选得适当与否，在很大程度上会影响论文的质量。多年来，我系许多硕士研究生的论文，从题目上看就感到是学科中应当研究、值得研究的问题，有价值、有新意，使人就想读读这篇论文。但是也有个别论文的题目，一看就感到没有研究价值，非常一般化，这就很难写出高质量的文章。有一位研究生在论文答辩时没有被通过，后来我看了这篇论文，感到没有被通过并不是偶然的，因为论文题目缺乏研究内容和价值，不论作者如何写，也难以达到应有的要求和质量。

应当怎样选择法学硕士论文题目？我认为主要看论文题目是否具有一定的理论或实践意义。任何一门学科，总有许多问题要研究，其中既有学术理论上的问题，也有实践中对它提出的研究课题。如果硕士论文在一定程度上能够回答其中一个问题，能够说明某个问题或提出一些具有新意的论点，这样的论文应该说就已具有一定的质量，是一篇好的或较好的论文，基本上符合硕士论文的水平。实践证明，许多法学硕士论文在选择题目上表现了自己的优点和特点，也在这方面体现了作者的学术水平。

如果一篇硕士论文，既不能从理论上说明一个问题，提出自己的一些见解，又不能回答实践中的某个问题，只是人云亦云、罗列众所周知的现象，这就很难说是一篇好论文或符合硕士生论文的水平。在选择硕士论文题目时，要尽量避免这种情况的发生。

选择论文题目要有正确的指导思想，要通过写作论文获得更专门的学识，获得研究和解决问题的能力，从而达到一个硕士应有的水平。不能害怕困难，只想选一个自己认为比较容易，但研究价值不大的题目，或者不从本学科的实际出发，而选择一个自认为"新"问题的题目，如果有这些想法，将影响对论文题目的正确选择。

选择论文题目时，要考虑题目的大小、完成的可能性。一般来说，题目不能太大。如果题目太大，论文不易写得深入。不要认为论文写得愈长愈多，就是一篇好论文。主要看论文的质，不能以量代替质。也不要把论文写成一本介绍基本知识的小册子，面面俱到而不深，也没有新的或自己的看法。论文题目略大一点也可以，大题可以小做，把问题集中论述得深一些。当然题目太小也不好，不易展开，不易提高质量。

选题必须考虑到有没有一定的资料可以参考，有没有一定的实践经验可以调查、总结，这涉及选题后完成论文的可能性。不论题目的大小和难易，都要有一定的资料和实践经验可以参考，这是在选题时必须注意的。

论文题目可以由教师提出，也可以由研究生自己提出，也可以由研究生先提出并在教师的指导下确定。至于采取这些做法中的哪一种，可根据具体情况而定。我颇倾向最后一种做法，题目由研究生先提出有好处，因为研究生有自己的兴趣和长处，了解自己的研究能力，自己先提出几个论文题目和教师商量，教师再根据研究生的学习情况、研究能力、题目的价值以及写作的可能性等，与研究生共同讨论，选定一个题目。因为教师了解本专业的学术研究情况和实践中的问题，又有丰富的写作经验和较高的学术水平。这样选题既可以充分调动、发挥研究生的积极性，又可以及时得到教师的有力指导。

选定论文题目的时间并无统一规定。以学习三年毕业计算，一般以在第四学期选定论文题目较为适宜，然后再用一年的时间搜集资料、调查研究、进行写作和论文答辩。当然，在第一学年学习专业过程中，也可以注意选定论文题目或逐步积累一些准备深入研究的课题，在第二学年中最后选定。选题的时间最迟不能迟于第五学期初，否则就难以在第三学年内完成论文的答辩。

二、搜集资料与调查研究

确定论文题目以后,就要集中一段时间,搜集写作论文的资料。必要的比较丰富的资料是写好论文的必备条件和源泉,是深入和充分论证问题的重要手段,是体现论文的科学性和质量的一个重要方面,也是作者从事学术研究是否严肃认真的表现。

不畏艰辛、认真搜集资料,培养踏踏实实的学风,对于一个科学研究工作者来说是必不可少的。如果不认真搜集资料,甚至不学会如何搜集资料的方法,不培养自己踏实的科学态度,要轻而易举地写出一篇好的硕士论文是不可能的。写作论文不仅要能通过答辩,而且要受到科学研究,包括搜集资料的训练,学会分析问题和解决问题,这才算达到写作论文的目的和要求。

搜集资料要围绕论文题目,搜集那些主要与论文题目有关的资料,要有目的性、针对性。资料的搜集范围要稍微宽一些,这可以丰富视野,进行比较,发现矛盾和问题,对资料进行研究和选择。但搜集得广一些,并不是要漫无边际、盲目地去搜集,以致不必要地花费过多的时间。当然也不是说,搜集资料的范围可以很窄,太窄了可能会给写作带来困难。总之,在搜集资料时,作者心中应大体有数,即主要的、必要的资料,经验性的、争论性的资料,统计性的、文件性的资料等已基本具备，方能够写作论文。

搜集资料要尽可能搜集第一手资料、原始资料，特别是涉及历史的资料和法律文件，不应轻易地采用第二手的、转引的资料，以防资料的差错，导致得出错误的结论。要做到这一点，就要求作者有踏实、刻苦钻研的精神。要引用准确的资料，有时还要努力辨别资料的真伪，这都需要作者有认真和不畏艰苦的治学态度。

对许多论文题目，还要实地进行调查研究，才能进行写作，缺乏这一环节，就难以写出论文。调查研究不仅可以了解实际情况、学到一些知识、印证和说明作者的论述，更重要的是可以总结成功的经验、探索事物的发展规律，还可以发现问题和工作中的一些缺点。调查研究是研究社会科学包括法学的一条重要途径，也是硕士研究生应当学会的一种研究方法。实践证明，有些研究生在没有进行调查研究之前，对自己的研究题目，有时还觉得应写的具体内容并不非常清楚，或者没有写出较高质量的充分把握；但在经过一段时间的调查研究以后，就觉得资料充分，要写的内容和问题基本清楚，对于写好论文比较有把握了，思想上产生了较大的变化。可见，搞好调查研究对写好论文的作用是很大的。

搜集资料不是一次即可完成。随着论文写作的深入，还可继续搜集、阅读需要的资料。但是调查研究则有客观原因和条件的限制，硕士研究生难以在写作论文时，反复到实地去进行调查。这就要求在调查研究开始以前，研究生应先拟出一个调查研究提纲和准备要调查解决的问题的计划，使调查研究的目的明确，被调查者也清楚调查者的要求，这样才能提高调查研究的效率。如果在调查时注意带回一些必要的资料，准备在写作论文时使用，则可以避免在写作中又发现资料不够，还需再外出调查的情况发生，这将对写作的如期完成带来困难。

三、论文提纲的确定

在搜集资料、进行调查研究以后，在开始硕士论文写作之前，还要准备一个论文提纲。提纲犹如一项工程的施工蓝图，是保证论文具有较好质量的又一重要环节。论文题目选得不好，固然写不出高质量的论文，同样，论文题目虽然选得好，如果提纲订得不好，也难以写出好的论文。所以，必须高度重视拟订论文提纲的工作。对论文提纲要反复研究、思考和修改，务必使论文提纲写得条理清楚、重点突出、论点准确、逻辑性强。如果选题和论文提纲都比较好，可以说论文的质量大体上就有了保证；如果提纲没有拟订好，在论文写作中或写完后要再大改提纲，那就既难保论文质量，又可能赶不上答辩时间。

当然，要一次拟好提纲，可能不容易，但至少在写作论文以前，应当争取基本上拟好。在写作过程中如果发现论文提纲有问题，需要修改，也只是做局部的、次要的或者细小的修改，或者对论文提纲中的前后顺序做些修改，而要避免做大的或者全部推倒重来的改变。有的研究生急于写出提纲，没有做必要的修改或者未听取教师的意见，就确定了提纲的内容，这也难以保证提纲的质量，以致后来不得不做大的修改。

首先，提纲在整体上应体现论文题目的目的性，要从各个方面围绕主题论述，论证所要解决的主要问题，使论文和题目紧扣起来。有的研究生对论文过于求长，将提纲的面展开得过宽，将与题目关系不大的内容也写了进来，显得不很扣题，文章松散，应当注意。当然也不是说提纲的内容不需要展开，而是必须使提纲的内容扣题，宽窄大体适度，不能求量而忽视质。其次，在紧扣或围绕论文题目的要求下，论文提纲的内容要选得准确、清楚、有说服力，不能似是而非、论证无力、非常一般化。前后顺序和内在逻辑要处理好，使人读了论文，既感到清楚、有说服力，又感到论文的内容一环紧扣一环，逻辑性很强。再次，在论文提纲包括的几个方面之下，还应写出二三个层次要点，更具体地论述几个方面，使提纲能体现出整个论文的要点和质量。如果没有这两三个层次，提纲太不具体，就难以把握整个论文的质量。最后，在论文提纲中要适当地照顾全面，不能漏掉主要的内容或方面。这也会使论文美中不足或影响论文的质量。但要使提纲突出重点，对重点部分要多一些篇幅或者放在提纲的比较显著的位置，以加深论述或强调重点内容，提高论文的质量。

论文提纲的确定,可以是研究生自定,也可以是研究生在教师的指导下确定。我倾向于用后一种办法确定论文提纲,教师对确定论文提纲既不能放手不管,不进行指导,又不能包办代替,完全由自己确定。我认为,如同选择论文题目一样,用后一种办法可以发挥教师和研究生的积极性和长处。这样确定的论文提纲有利于研究生的写作,也有利于教师的指导,他们配合起来也比较方便。研究生在教师的指导下确定的提纲,经过师生共同讨论和研究,不同于由教师一人决定。如果教师完全不参加指导而由研究生自己决定,当论文达不到要求而答辩日期已近时,将难以再做大的修改,这种情况也不是没有出现过,应当防止。

四、具体写作与反复修改

在开始具体写作硕士论文时,还有一些带有规律性的问题,值得注意:

首先,要深入钻研与反复思考。选定题目、拟定提纲、搜集好资料是写作论文的基础。在此基础上写作论文时还必须经过深入钻研、反复思考的艰苦过程,才有可能达到升华、创新,写出有质量的论文。写论文的方法虽然各异,但这一深入钻研的艰苦思考过程,均为论文写作的必由之路。论文提纲拟订好了,不等于就有了高质量的论文。要完成好论文，还必须深入分析、论证自己论文的每一观点，研究论文的逻辑性，善于利用搜集到的资料，用马克思主义的观点和方法，去粗取精，去伪存真，由表及里，反复思考自己所找的事物发展的某些规律和得出的结论。实践证明，许多硕士论文具有较高的质量，都是由于作者平日能勤奋学习，写作论文时又经历了一个深入钻研和思考的艰苦历程。有极少数论文的质量不高，其中多数是由于作者没有付出辛勤的劳动，而是一般地、表面地罗列了一些现象，作了些归纳，没有认真地、深入地研究和分析各种情况与资料，得出应有的结论。有的甚至认为硕士论文答辩只是一种形式，就不下工夫写作论文。其实，论文答辩不获得通过的情况是存在的。只有辛勤耕耘，才能获得丰收。

其次，要理论与实际相结合，观点与材料相结合。一般说来，一篇好的硕士论文，常常是既有理论，又有实际；既有观点，又有资料。结合论述得较好，能既不使人读后感到空泛，又不觉得是资料的堆积。要做到这一点，绝不是单纯的技术问题，而在于作者对研究的内容与问题是否真正熟悉和掌握；是否有较深的研究，真正能达到运用自如。这里有技术问题，但更重要的是对专业的熟悉和掌握程度。正如俗话所说，"熟能生巧"。有的硕士论文引用的资料，特别是外国的资料很多，当然必要的引用是应当的，但是在论文中论述却较少，对资料的分析也少，显得论证不足，理论较弱。有的论文则恰恰相反，其中论述很多，但很少联系实际，也很少引用资料来论证,论证显得空泛,缺乏应有的说服力。上述这两种倾向,在具体写作论文中都应设法避免。

再次,要处理好广度与深度、中国与外国、历史与现状的关系。一般说来,这些关系在论文中处理得好时,应该是相辅相成,而不是截然对立的。论文当然要有一定的深度,缺乏深度将显得一般化、无新意或创见。同时,论文也可有适当的广度。广度不仅是为了使论文能全面论证,也可以从各个或不同的方面加深论文。有些论文进行了中外的比较研究。比较是为了借鉴、为了论证问题和加深对问题的分析,因而有利于提高论文的质量。应该进行比较的,而不去比较;应该进行借鉴的,而不去借鉴,那是不对的,不利于提高论文的质量。但在比较研究中要注意避免单纯客观介绍,或照搬照抄外国的东西而不做分析,对外国的长处我们要吸收,向它们学习;对于外国不好的东西,我们要摒弃、分析和批判。除了论文是关于阐述历史方面的问题外,在历史与现状的关系上应该是以论述现状为主,适当地运用历史资料,更好地说明现状,但是又不能过多地堆积史料,忽视从现实方面论述。几年来,在一些硕士论文中,未能适当处理广与深、中与外、现状与历史的关系的,亦非鲜见。

最后是写作技术上的问题。论文主要是给别人读的,首先要让别人看得清楚,这是对论文的起码要求。有的硕士论文中,有些内容、段落或词句的含义不清楚,这就应当修改。要让别人看得清楚。如果其中有些内容连自己也说不清楚，更应加以修改。此外，论文的结构要严谨、层次要清楚、行文要流畅、标点要正确、引文要加注。这些虽是带有技术性的问题，但如果不注意，也会影响论文的质量。实际上这也不完全是技术问题，也反映了作者的治学是否严谨和一丝不苟。

不只硕士论文，任何文章都不可能不做修改而一次写成，常常是需要反复仔细思考、推敲，对论文做反复的修改，即使不做涉及全面的大修改，也要对一些实质内容、分析、论证、提法和文字、标点等做一些局部的小修改。如果论文初稿写完以后，能请一两位同学看一部分，请他们提提意见，也会对修改论文有帮助、有启发，至少他们可以指出一些不足之处。当然，写作论文应当得到指导教师的帮助。指导教师也应当对论文提出具体修改意见，让作者再进行一次修改，这是很重要的。我认为在一般情况下，经过这次修改，就要使论文能够达到通过的要求，如果明显达不到要求，就必须再修改。导师的意见，研究生应当充分重视，并根据其意见修改论文。当然，对导师的意见有不同的看法，也可和导师讨论、商量，妥善处理不同的意见。如果作者认为自己的论文，写完了就不需要修改，对别人的意见都不能接受，这对提高论文的质量是无益的。

总之，还是我在本文开始时写的那句话，写论文不能用一个模式来套。这里所说的不过是仅供参考的一些个人经验之谈罢了。

刑法学论文写作谈

储槐植
北京大学法律学系教授

《中外法学》"法学论文指导与写作"专栏上刊载的几篇文章，对指导法学各专业领域论文的写作有普遍借鉴意义。为节约篇幅，本文尽可能避免与之重复。

一、文章越来越难做

不少同志认为，近年来本科生毕业论文和硕士学位论文的质量与过去相比不见提高，甚至有所下降。由于没有进行普遍调查，不敢妄断。假定这一评论大致反映真实情况，我试图评说其原因。首先，诸多客观原因导致青年学生在主观上降低了学习积极性或者分散了学习精力。其次，后来者居上，虽然是发展总趋势，但是，文章越来越难做。现在的小学生都会进行加减乘除四则运算，然而在人类文明之初第一个说出"1"的人，才堪称伟大的数学家（尽管无法考证究竟是谁）。现在任何一位大学刑法学讲师都能够写出一本在质和量上都超过贝卡里亚的《论犯罪和刑罚》，但公认的"近代刑法学之父"，毕竟还是贝卡里亚。在我国20世纪70年代末80年代初，内容正确的关于刑法的解释性文章，即"法律是这样的"就具有社会价值；而现在，有新意的文章多半涉及《刑法》修订，即"法律应当是这样的"，关于完善刑事立法的内容。从"是这样的"到"应当是这样的",难度显然提高。文章越来越难写,可以说是普遍趋势。论文指导教师认识这点的意义在于,只有从严要求学生,才可能使他们的论文达到合格水平。论文写作者认识这点的意义更加重大,以便树立雄心壮志。知难而进是做到"后来者居上"的思想前提。有志者事竟成。

二、功到自然成

坚定非把论文写好不可的思想固然重要,但实干才是成功的保证。不少同学说,确实想把论文写好,但是未必真能写好。原因可能多种多样,我以为功夫不到是主要原因。

论文是本科生4年知识学习或研究生3年能力培养的综合反映和集中检验。论文成绩是平日功夫的自然结果。因此,必须把眼光前移到平时的日积月累上。没有几年的刻苦努力,要把论文写好是不可能的。平素的努力至少应体现在以下几个方面:

第一,打牢知识功底。知识是论文写作的原材料,巧妇难为无米之炊。大学生和研究生不可谓没有丰富的知识,然而功底未必坚实。知识功底就青年学生而言,首要之点是逐渐形成合理的知识结构。为做好刑法学论文,在知识结构的必要组成部分,至少应包括以下内容:

首先是马克思主义哲学和国家法律理论。大学里都有相应的课程，但是学生中认真阅读马克思、列宁、毛泽东有关方面原著的并不多，而往往满足于片段的介绍性的间接（第二、第三手）材料。且不说介绍性间接论述的正确性可能有问题，由于介绍性文章与阅读者视角的差异致使发生认识偏斜也是常有的事情。例如，在一些驳论性文章中，批评他人观点不合马克思主义，而真正不合马克思主义观点的，恰恰是其本人。又如，有的文章摘引马克思主义经典作家的语录作为论据来论证自己的观点，由于论点与论据两者缺乏内在联系或者甚至南辕北辙，所以结论往往并非马克思主义的。造成这些现象的原因之一，便是没有阅读马克思主义原著，或者虽然阅读但并未领悟其精神实质。

刑法是与现行统治（政权）关系最密切因而是政治性（政策性）最强的一个部门法。我国是人民民主专政的社会主义国家，为写好刑法论文，认真学习马克思主义关于国家和法律，尤其有关犯罪和刑罚的论述原著是十分重要的。刑法要为维护现行统治服务，在这个基本问题上应防止两种偏向：一种是忽视这个服务的作用；另一种是近视地、过于狭隘地看待这种服务功能。刑法学论文的社会价值大小在很大程度上，取决于为避开这两种偏向所作努力的自觉性高低。

其次是犯罪学—刑法学—行刑学一体化知识。为写好刑法论文，具有较深的刑法学知识自不待言。刑法是关于犯罪和刑罚的法律规范。从研究角度说，关于犯罪，不仅应深入把握其法律结构，而且要了解其发展规律。犯罪学的基本内容之一就是研究犯罪规律的。假定不停留在刑法解释学水平上，便应当研究刑事法理（刑法哲学）和刑事政策，因而探讨犯罪规律和行政效应则显得尤其重要。

从社会实践观察，国家刑事司法是一个系统。犯罪引起刑法的制定和适用，对犯罪适用刑法的主要方法是判处刑罚，刑罚目的的实现必须通过刑罚的执行，行政效果作为信息必然反馈回来影响（制约）刑法的修订和刑事政策的调整。所以，处于刑事司法系统中心环节的刑法要受到两头（犯罪和行刑）的制约。刑法研究不能无视这种相互关系。刑法学论文写作者首先应当是刑法学研究者。

最后是必要的有关知识。诸如社会学、政治学、经济学、史学、伦理学、心理学、逻辑学、数学、系统论、控制论等方面的超过常识的中等知识。各门科学的发展，一方面，加深纵深度；另一方面，又扩大横面联系，不同学科之间的联系日益密切。为适应这个规律，学习者和研究人员必须不断开阔自己的知识面。例如，写罪过方面的论文，就应当有相当的心理学知识；写经济犯罪的论文，如果缺乏必要的经济学知识，则论文质量肯定会受到影响。

第二，提高思维能力。知识功底厚实为写好论文提供可能，但并非充足条件。好的论文至少应具有一定的创见或新意。创见和新意其实就是自己的看法与既存的所有他人的看法不同。要达到这点，前提是能够发现他人的看法中"有问题"。一些研究生常发出"读书时不容易发现问题"的慨叹。

发现问题是解决问题的先决条件。发现问题确实不容易。广博的知识、多读多想，是"发现问题"的基础，但要真正能够发现问题并进而解决问题，还需要借助思维能力的提高。

从思维类型看，科学研究（包括论文写作）主要借助于逻辑思维，运用概念、判断、推理以及语言文字表达的方式进行思维操作，从而把握事物的本质和规律。但有时直觉思维（灵感思维）也起作用，甚至是重要作用。一些著名自然科学家认为，有的重大发现（发明）往往以直觉思维为契机。所谓直觉思维，是指不经过从感性到理性的逻辑思维过程，而是依靠深层的心理体验作用，把埋藏在潜意识中的思维成果调动出来，同显意识中所要解决的问题相沟通，从而使问题突然得到领悟。直觉思维常常发生在这样的场合：经过长久反复的逻辑思维仍感"此路不通"，在"山穷水复疑无路"时，通过一种偶然的机遇而豁然开朗，呈现出"柳暗花明又一村"的景象。直觉思维虽有跳跃性特点，但并不是无意识和无条件的。它的出现有两个条件：一是勤于思索，对问题长久沉思，掌握问题的症结所在；二是富有知识，潜意识中有大量的知识储备。这种思维模式不是无源之水，它是长久沉思和大量知识储备在偶然机遇下的产物。其心理机制尽管迄今研究所得尚属粗浅，但确实是许多人，尤其是学子共有的经验。

逻辑思维和直觉思维均以勤于思考为基础。勤于思考还应与善于思考相结合。就刑法论文写作而言，善于思考在方法上有三点尤其重要：一是弄清楚所争论的概念的内涵与外延，有时思路理不清往往与概念不明晰有关。二是弄清楚事物内部的层次关系。任何事物本身都是一个系统，均有各自内在的层次结构，分层剖析是认识事物本来面目的有效方法。试举一例说明，关于间接故意的认识因素是否包括认识到危害结果必然发生，这是一个争论已久的问题。肯定说以生活中确有认识到结果必然发生但对结果仍持放任态度的实例来说明自己的观点。否定说则用推理方法驳斥肯定说，认为"放任"以存在"两种可能性"为前提，所以认识到必然发生就不存在放任的前提了。迄今为止人们对间接故意存在着理解差误。其实，间接故意没有心理学上的意志因素（两种过失当然也没有），而只有情感因素。罪过的四种形式中只有直接故意才有意志因素。意志是以自觉目的（目的就是希望达到的结果）支配行动的心理活动。情感是对外界事物（犯罪构成中的危害结果）的态度和评价的心理活动，它可区分为肯定的情感（直接故意中的）、否定的情感（过失犯罪中的）和模糊的情感（间接故意中的）。模糊情感在数轴上表示为一个区间，有的更接近于肯定性情感，有的更接近于否定性情感，"接近"的程度大小不等。情感（属非理性因素）与认识（属理性因素）经常会出现矛盾，在轻信过失中表现得很突出。上述争论问题也是这种矛盾的反映，关键在于如何解释这一现象。否定说把认识因素与情感因素（即通常所说的意志因素）放在同一层次上，并以认识因素为主导进行推论，从而得出不承认矛盾的结论。其实，情感与认识从心理机制上观察，它们不在同一层次上，两者并非主次关系。情感对认识起驱动作用和控制作用。就某一具体心理过程看，并不是认识驱动和控制情感。在认识到危害结果可能发生时，间接故意的情感因素是较典型的"放任"。在认识到危害结果必然发生时，情感因素便是特殊的放任即"放纵"（由模糊态趋近于肯定态，但还不等于肯定态），然而也不能说是"希望"。从认识推导（运用逻辑思维）情感，这不符合情感的非理性特征（它与意志是不同的），也没有注意到心理机制的层次关系。肯定说的结论虽然正确，但以举例方式代替理论分析则缺乏说服力。三是弄清楚事物的外部关系。经常有这样的现象，某一事物从局部看是可行的，而从全局看是不可行的，也有相反的情形。

第三，训练文字能力。如果说思维是用脑，文字则主要是动手；如果说思维是认识，文字则主要是实践。常听同学说，"想得挺好，写出来就不是那回事儿了"。这主要是文字功底浅的缘故。训练文字表达能力的唯一办法是多写。

勤动笔，有许多好处。首先，是提高写作能力；其次，是补充思考的不足。把脑中的东西落实到纸上，常常会发现思考不全面，不周密、不确切甚至不正确，修改文章就是补充思考或重新思考。与此相关的第三个好处是有助于提高思维的精确度。

文字训练的方法是多写。写作贵在"多"，没有足够的量就没有相当的质。平时写作分为两类：一类是必写的。例如本科生二年级和三年级两次学年论文，加上各课程书面作业，假定每课平均两次，这样到毕业时至少有过 50 次写作练习。研究生也应有一定量的必写作业，而且应有最少字数的规定，例如，刑法学这门课就有三次作业，每次都是一篇 3 000 字或 5 000 字以上的简短论文。如果各门必修课和限制性选修课都有类似要求（至少必写一篇），那么在写学位论文以前至少有过 20 次像样的写作练习。另一类是同学自己主动的写作，鼓励他们向报刊投稿。写作过程中教师应给予必要的指点和帮助。古人云，"读书破万卷，下笔如有神"，我改为：写作过百篇，下笔不发愁。

最后，需要声明的是，本文没有按"选题——搜集资料、社会调查——提出论文纲要——论文写作、修改和定稿"这样的"论文指导与写作"的格式进行叙述，像是有点出格，而是侧重于指明，为写好论文必须有长期的训练和准备。这倒不是别出心裁，是否可称为广义上的写作指导？